VL. Marketing
- 16.10.04
- 23.10.04
- 30.10.04
- 05.11.04
- 12.11.04
- 26.11.04 ✓
- 01.12.04 ✓
- 08.12.04 ✓
- 15.12.04 ✓

www.afm-net.de → Lehrer → Kamenz
{ Klausuraufgaben
Klausuren   { alte Klausur

Uwe Kamenz   Marketing Basics

Uwe Kamenz

Marketing Basics

Marketingwissen für Einsteiger und Nichtspezialisten – eine anwenderorientierte Einführung

Luchterhand

Die Deutsche Bibliothek – CIP-Einheitsaufnahme

Kamenz, Uwe:

Marketing Basics : Marketingwissen für Einsteiger und Nichtspezialisten / Uwe
Kamenz. – Neuwied ; Kriftel : Luchterhand, 2001

ISBN 3-472-04725-9

Alle Rechte vorbehalten.
© 2001 by Hermann Luchterhand Verlag GmbH, Neuwied und Kriftel.
Das Werk einschließlich aller seiner Teile ist urheberrechtlich geschützt.
Jede Verwertung außerhalb der engen Grenzen des Urheberrechtsgesetzes ist ohne Zustimmung des
Verlages unzulässig und strafbar. Das gilt insbesondere für Vervielfältigungen, Übersetzungen, Mikroverfilmung und die Einspeicherung und Verarbeitung in elektronischen Systemen.
Umschlaggestaltung: Grafikdesign, Schneider Reckels, Wiesbaden
Satz: Hümmer, Waldbüttelbrunn
Druck und Bindung: Wilhelm & Adam, Heusenstamm
Printed in Germany, August 2001

∞ Gedruck auf säurefreiem, alterungsbeständigem und chlorfreiem Papier.
Dieses Buch wurde nach den Regeln der neuen deutschen Rechtschreibung erstellt.
Sie finden uns im Internet unter: www.luchterhand.de

Vorwort

Warum noch ein weiteres Marketingbuch? Ganz einfach: Weil es tatsächlich noch Zielgruppen gibt, für die es keine optimierte Einführung in das Marketing gibt. In meiner Tätigkeit als Professor für Marketing an der Fachhochschule Dortmund ist mir immer wieder aufgefallen, dass für meine Ingenieure im Abendstudium die vorhandenen Lehrbücher für Marketing (»dicke Wälzer«) viel zu umfangreich, zu unstrukturiert und zu praxisfern sind. Als ich 1994 begann, das übliche Marketingwissen in einem Semester den Studenten einzutrichtern, stellte ich sehr schnell fest, dass zwar Wissen gespeichert wurde, aber nur selten im Gesamtzusammenhang verstanden wurde und erst recht nicht für die Praxis umgesetzt werden konnte.

Deshalb habe ich die Stoffmenge von Jahr zu Jahr reduziert und immer mehr Wert darauf gelegt, dass ein größeres Verständnis für Marketing geweckt wird und dieses bessere Verständnis in Fallstudien an realen Gegebenheiten umgesetzt wird. Und tatsächlich, jetzt wissen die Studenten zwar quantitativ weniger, sind dafür aber in der Lage, die Lösung von Marketingproblemen strukturiert anzugehen.

Deshalb soll dieses Lehr- und Einsteigerbuch versuchen, das Marketing als geschlossenen Prozess darzustellen. Dieser wird Schritt für Schritt abgearbeitet und bietet somit den Nicht-Betriebswirten und Nicht-Marketingfachleuten für die Praxis ein Gerüst, mit dem jeder Leser Marketingprobleme lösen kann. Der Umfang dieses Buches umfasst etwa zwei Semesterwochenstunden für Nicht-Betriebswirte, die sich erstmalig und wahrscheinlich einmalig dem Thema Marketing stellen.

Dieses Buch ist, entsprechend der kundenorientierten Marketingphilosophie, ein einführendes Lehrbuch für Anwender. In diesem Fall für Marketingeinsteiger, Nicht-Betriebswirte und Nicht-Marketingfachleute.

Konkret soll dieses Buch drei Ziele erreichen:

1. Vermittlung der Marketingphilosophie als marktorientierte Unternehmensführung,
2. Lösungshilfe für Marketingprobleme in der betrieblichen Praxis,

3. Interesse wecken für weitere und intensivere Marketingliteratur, insbesondere die dicken Marketingwälzer.

Kursiv gesetzte Textpassagen geben Beispiele, Erkenntnisse und Kommentare aus der Praxis wieder.

An dieser Stelle sei den Ingenieuren im Abendstudium an der FH Dortmund für die vielen hitzigen und konträren Diskussionen gedankt, ohne die die vorliegende etwas andere Stoffvermittlung nicht möglich gewesen wäre. Frau Verena Skrawek gebührt Dank und Lob für die Korrektur des Manuskripts. Anregungen und Hinweise bitte direkt an den Autor.

Dortmund, Mai 2001 *Uwe Kamenz*
kamenz@profnet.de

Inhaltsverzeichnis

1 Grundlagen	1
1.1 Einstieg	3
1.2 Begriffe und Abgrenzungen	4
1.3 Aufgaben des Marketings	12
1.4 Marketingprozess	15
1.5 Marketing- und Marktforschungsprozess	18
2 Situationsanalyse	23
2.1 Einstieg	25
2.2 Marktdefinition	29
2.3 Einzelanalysen	35
2.3.1 Kunde	35
2.3.2 Unternehmen	39
2.3.3 Wettbewerb	41
2.3.4 Umwelt	42
2.4 Kombination einzelner Analysebereiche	44
2.4.1 Unternehmen und Wettbewerb: Stärken-Schwächen-Analyse	46
2.4.2 Kunde und Umwelt: Chancen-Risiken-Analyse	48
2.4.3 Kunde, Unternehmen und Wettbewerb: Positionierungsanalyse	50
2.5 Kombination aller Analysebereiche	56
2.5.1 SWOT-Analyse	57
2.5.2 Portfolioanalyse	59
2.5.3 Produktlebenszyklus (PLZ)	63
3 Ziele	67
3.1 Einstieg	69
3.2 Zielsystem	70
3.2.1 Marktorientierte Basisziele	72
3.2.2 Klassische Unternehmensziele	74
3.2.3 Funktions- und Instrumentalziele	75
3.3 Zielebestimmung	76
3.3.1 Marktorientierte Basisziele	76

	3.3.2	Klassische Unternehmensziele	78
	3.3.3	Funktions- und Instrumentalziele	78

4 Strategie 81
  4.1 Einstieg 83
  4.2 Normstrategien 84
    4.2.1 SWOT-Analyse 85
    4.2.2 Portfoliotechnik 86
    4.2.3 Produktlebenszyklusmodell 87
  4.3 Standardstrategien 89
  4.4 Kreative Strategieentwicklung 94

5 Marketing-Mix 97
  5.1 Einstieg 99
  5.2 Marktsegmentierung 101
  5.3 Produktpolitik 103
    5.3.1 Grundsatzentscheidungen der Produktpolitik 105
      5.3.1.1 Produktinnovation 106
      5.3.1.2 Produktvariation 110
      5.3.1.3 Produktelimination 110
      5.3.1.4 Diversifikation 111
    5.3.2 Instrumente der Produktpolitik 111
      5.3.2.1 Qualität 112
      5.3.2.2 Sortiment 113
      5.3.2.3 Marke 113
      5.3.2.4 Service und Kundendienst 114
      5.3.2.5 Verpackung 115
      5.3.2.6 Garantie & Gewährleistungen 115
  5.4 Distributionspolitik 116
    5.4.1 Grundsatzentscheidungen der Distributionspolitik 116
    5.4.2 Instrumente der Distributionspolitik 118
      5.4.2.1 Logistik 118
      5.4.2.2 Absatzkanalwahl 119
  5.5 Preispolitik 122
    5.5.1 Grundsatzentscheidungen der Preispolitik 123
    5.5.2 Instrumente der Preispolitik 124
      5.5.2.1 Preis 124
      5.5.2.2 Kredite und Absatzfinanzierung 129
      5.5.2.3 Rabatte 130
      5.5.2.4 Skonto 130
      5.5.2.5 Liefer- und Zahlungsbedingungen 131

5.6 Kommunikationspolitik 132
    5.6.1 Grundsatzentscheidungen der Kommunikationspolitik. 133
    5.6.2 Instrumente der Kommunikationspolitik 134
        5.6.2.1 Werbung 134
        5.6.2.2 Verkaufsförderung 136
        5.6.2.3 Persönlicher Verkauf 138
        5.6.2.4 Public Relations 138
        5.6.2.5 Sponsoring 139
        5.6.2.6 Direktmarketing 141
        5.6.2.7 Event-Marketing 141
        5.6.2.8 Messen 141
        5.6.2.9 Product-Placement 142
        5.6.2.10 Bartering 142
        5.6.2.11 Bandenwerbung 143
        5.6.2.12 Bannerwerbung 143
    5.6.3 Zusammenfassung 143
5.7 Kombination der Marketing-Mix-Instrumente 145
    5.7.1 SWOT-Analyse 146
    5.7.2 Portfoliomethode 146
    5.7.3 Positionierungsanalyse 147
    5.7.4 Produktlebenszyklus-Modell 148

6 Fallstudien 149
6.1 Fallstudie Fußball WM 2006 in Deutschland 149
6.2 Fallstudie Netters AG – Neupositionierung im Bekleidungshandel 152

Literaturhinweis 155

Stichwortverzeichnis 157

1 Grundlagen

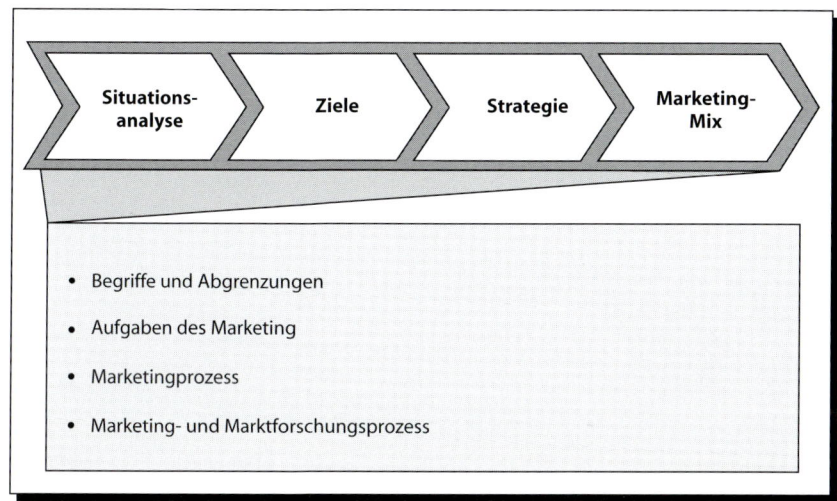

Abb. 1: Grundlagen – Übersicht

Dieses Buch folgt konsequent den vier Hauptschritten des Marketingprozesses:

▶ Situationsanalyse
▶ Zielbestimmung
▶ Strategieauswahl
▶ Marketing-Mix-Bestimmung.

In diesem ersten Kapitel sollen die Grundlagen gelegt werden, die ein Verständnis des Marketing und der Marketiers erst ermöglichen. Ohne dieses Basisverständnis einer kundenorientierten, globalen Denkweise wird die Beschäftigung mit dem Marketing nicht von Erfolg gekrönt sein, egal ob Ingenieur, Informatiker oder Betriebswirt.

1.1 Einstieg

Marketing gilt als der erfolgreichste Unternehmensansatz des 20. Jahrhunderts. Jedes Unternehmen behauptet von sich, es würde Marketing einsetzen. Jeder Ingenieur, jeder Informatiker, inzwischen jeder Politiker kommt mit den »Anhängern«, den Marketiers, dieser Heilslehre in Berührung. Jeder redet darüber, doch die wenigsten wissen wirklich, worum es sich bei diesem amerikanischen Begriff handelt. Schaut man sich die Benutzung des Begriffes Marketing genauer an, so muss man sehr deutlich sagen, dass es sich dabei meist gar nicht um Marketing handelt. Es sind meist einzelne Bestandteile des Marketings wie z. B. die Werbung oder der Verkauf, welche mit dem Gesamten gleichgesetzt werden.

1.2 Begriffe und Abgrenzungen

- **Begriffe und Abgrenzungen**
- Aufgaben des Marketing
- Marketingprozess
- Marketing- und Marktforschungsprozess

Abb. 2: Grundlagen – Begriffe und Abgrenzungen

Es gibt nur wenige Begriffe in der Öffentlichkeit und Betriebswirtschaft, die so oft und auch so falsch verwendet werden wie der Begriff des Marketing. Fragt man z. B. Ingenieure, so bekommt man häufig folgende Antworten:

- »Für ein Produkt Werbung machen«
- »Ein vorhandenes Produkt verkaufen, es auf den Markt bringen.«

Wie sich zeigen wird, sind beide Meinungen falsch. Sowohl die Werbung als auch der Verkauf sind nur zwei von etwa ca. 25 Instrumenten des Marketing.

Der Begriff Marketing entstand vor mehr als 100 Jahren in den USA. Damals begannen die amerikanischen Farmer, ihre Absatzprobleme durch Absatzmittler und neue Distributionsnetze zu lösen. Ab 1907 erschien in Toronto die Wochenzeitschrift »Marketing« (Rageth 1996, S. 19) Als Monographie taucht der Begriff erstmalig 1916 in der Literatur auf (Weld 1916, Marketing of Farm Products).

Es gibt bis heute keine deutsche Übersetzung oder ein entsprechendes deutsches Wort. Deshalb wurde es als Fremdwort in unserer Sprache übernommen und gilt als Terminus technicus in der Betriebswirtschaft. Somit muss eine eigene Definition und Beschreibung gefunden werden.

Das Wort Marketing lässt sich in zwei Wortbestandteile zerlegen, in »market« und »ing«. »Market« steht für Markt und »ing« bedeutet eine substantivierte Tätigkeit bezüglich eines Substantivs. Hier also eine Tätigkeit in Richtung des Marktes.

Begriffe und Abgrenzungen

In der mikroökonomischen Theorie wird klassisch definiert, was ein Markt ist: Der Ort, an dem Angebot und Nachfrage – unter Bildung eines Preises – aufeinander treffen. Somit könnte Marketing vereinfacht als »Handeln oder Orientieren bezüglich des Zusammentreffens von Angebot und Nachfrage« bezeichnet werden. Es gibt aber einen gravierenden Unterschied zwischen der Sichtweise der Mikroökonomie und des Marketing für die Praxis. Nachfrage und Angebot sind zwei abstrakte Begriffe, die zudem ein Verhalten des homo oeconomicus voraussetzen, also eines rational und ökonomisch denkenden und handelnden Menschen. In der Marketingwelt, also der Realität, kann man diese Situation nicht feststellen. Es ist nicht möglich, in ein Geschäft zu gehen und sich die Nachfrage anzusehen. Man wird Menschen finden, die Güter und Dienstleistungen anbieten und Güter und Dienstleistungen von anderen Menschen nachfragen.

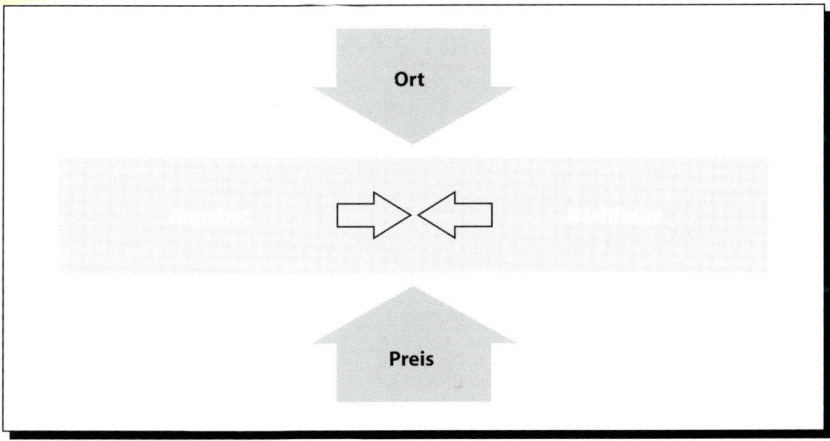

Abb. 3: Klassische Marktdefinition der Mikroökonomie

Somit unterscheidet sich die Definition des Marktes im Marketing in einem wichtigen Punkt von der der Mikroökonomie:

Der Markt ist der Ort, an dem Kunden (Nachfrager) und Lieferanten (Anbieter) aufeinander treffen.

Grundsätzlich besteht in der Sichtweise des Marketing also immer eine Beziehung zwischen Menschen. Und Menschen handeln und entscheiden sich nicht nur rational, sondern zu einem großen Teil emotional.

Beim Homo oeconomicus ist der Preis das entscheidende, rationale Entscheidungskriterium. Beim »Homo marketiensis« sind es unterschiedliche, zum Teil irrationale Gründe und somit die Ausprägungen weiterer Instrumente

5

Grundlagen

des Marketing, die zusätzlich zu dem Instrument Preis eine Entscheidung am Markt herbeiführen.

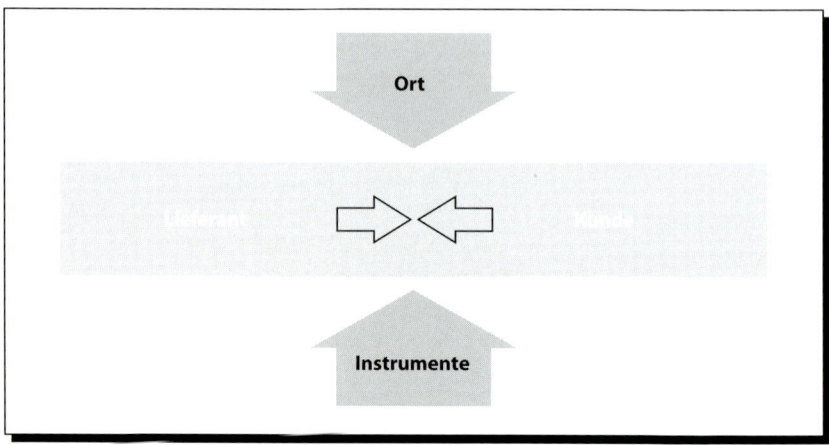

Abb. 4: Marktdefinition des Marketing

Praxisbeispiel *Axe: Die erfolgreiche Deodorantmarke Axe für Männer wird mit dem Slogan beworben »Der Axe-Effekt, der Frauen verführt«. In den Fernsehspots laufen die Frauen den Männern hinterher, welche Axe benutzten. Obwohl jeder Mann weiß, dass das nicht funktioniert, kaufen viele dieses Produkt. Das in den Genen des Mannes angelegte Grundbedürfnis nach dieser »Wirkung auf Frauen« ist so groß, dass seine Entscheidung emotional getroffen wird, obwohl seine Rationalität ihm das eigentlich verbietet. Ein dazu passender alter Spruch im Verkauf lautet: Der Mensch entscheidet sich zu 90 % emotional. Die restlichen 10 % benützt er nur dazu, seine getroffene Entscheidung rational zu verteidigen.*

Die zweite wichtige Erkenntnis zum Marketingbegriff ergibt sich daraus, dass der Kunde und der Lieferant nicht gleichrangig und gleichgewichtig sind. In den 60 er Jahren kam es in Deutschland, Jahrzehnte später als in den USA, zu einem Wechsel vom Anbieter- zum Nachfragemarkt. Vorher bekamen die Kunden Produkte nach Fertigstellung zugeteilt. Ab diesem Zeitpunkt wird auch in Deutschland so viel produziert, dass nicht alle Kunden in der Lage sind, diese Produkte zu kaufen oder auch nur zu konsumieren. Seitdem und immer stärker wachsend ist der Kunde der Engpassfaktor geworden. Er ist somit der Gewinner in der Beziehung Kunde mit dem Lieferant. Deshalb bedeutet Marketing immer auch einen Fokus auf die **Kundenorientierung**. Gibt es noch einen Anbietermarkt, z. B. aufgrund eines Monopols, so benötigt man auch keine Kundenorientierung und somit auch kein Marketing.

Praxisbeispiel *Microsoft*: Das Quasimonopol der Firma Microsoft im Bereich Betriebssystemsoftware sorgt z. B. dafür, dass Microsoft nicht nach den Wünschen der Kunden preiswerte, schnelle und vor allem betriebssichere Produkte entwickelt, sondern dass die Kunden brav abwarten, wann denn das neue Nachfolgeprodukt auf dem Markt erscheint, um es dann murrend zu kaufen.

Das Marketing macht nun alles, um alle vorhandenen Kunden-Lieferanten-Beziehungen für ein Unternehmen erfolgreich zu gestalten. Diese Beziehungen finden sich nun nicht nur außerhalb des Unternehmens, sondern auch innerhalb. Deshalb spricht man sehr oft auch vom **Internen Marketing**. Somit ist Marketing eine grundsätzliche Unternehmensphilosophie, die das Primat des Kunden in jeder Handlungsweise widerspiegelt. Aufgrund des Primates der Kundenorientierung ist also immer festzustellen, wer überhaupt Lieferant und wer Kunde ist. Sobald kein Geld als Gegenleistung für eine Ware oder erbrachte Dienstleistung den Besitz vom Kunden zum Lieferanten wechselt, ist dies nicht immer eindeutig. Damit der Kunde sein Geld oder ein Äquivalent dazu abgibt, sind seine Wünsche und Bedürfnisse so gut wie möglich zu befriedigen.

Zusammengefasst gibt es somit vier Besonderheiten des Marketingverständnisses für ein Unternehmen:

- **Philosophieaspekt**: Marketing ist kein Instrument oder keine Unternehmensfunktion, sondern die Grundhaltung eines Unternehmens.
- **Marktorientierung**: Die gesamte Unternehmensführung mit allen Aktivitäten ist auf den Markt zu orientieren.
- **Menschenorientierung**: Die überwiegend nicht rational oder ökonomisch fundierten Bedürfnisse der Kunden sollen befriedigt werden.
- **Kundenorientierung**: Innerhalb der Marktorientierung dominiert seit den 60er Jahren in Deutschland der Kunde. Deshalb sind seine Bedürfnisse zu befriedigen.

Eine einfache und praxisorientierte Definition des Marketing lautet somit:

Marketing als die marktorientierte Unternehmensführungsphilosophie orientiert sich aus der Sicht eines Lieferanten auf die Befriedigung der Bedürfnisse und Wünsche der Kunden.

Die Besonderheiten der Marketingdenkweise lassen sich auch gut darstellen anhand der Unterschiede der Kundenorientierung gegenüber anderen denkbaren und auch weiterhin verwendeten Prioritätenüberlegungen der Unternehmensführung:

- **Produktionsorientierung**: Die Produktion diktiert das Unternehmen (»*Produzieren, so viel und so günstig wie möglich*«). Über Erfahrungskurven wird versucht, die Herstellungskosten permanent zu senken. Ziel ist es auch, eine gleichmäßige Produktionsauslastung zu ermöglichen. Die Unternehmensspitze wird deshalb oft vom Produktionsvorstand gebildet.
- **Produktorientierung**: Die Technik diktiert das Unternehmen (»*Produziere was technisch machbar ist und drücke es in den Markt*«). Das technisch Machbare wird entwickelt und dem Kunden angeboten. Innovationen kommen aus der Entwicklungsabteilung. Die Marketingabteilung bekommt zusammen mit der Vertriebsabteilung nur die Aufgabe, diese idealen Produkte im Markt zu verkaufen. Folgerichtig werden solche Unternehmen von Ingenieuren geführt.
- **Verkaufsorientierung**: Der Verkauf diktiert das Unternehmen (»*Zwinge dem Kunden die Produkte auf, welche warum auch immer produziert worden sind*«). Produkte sollen verkauft, nicht gekauft werden. Somit wird alles unternommen, um die Marketinginstrumente bezüglich des Verkaufes zu stärken. Der Unternehmensvorstand wird immer aus der Vertriebs- oder Verkaufsabteilung solcher Unternehmen stammen.
- **Shareholder-Value-Orientierung**: Der Aktienkurswert diktiert den Kurs des Unternehmens (»*Alles, was den Aktienkurs und die Dividende erhöht, ist erlaubt*«). Bei Kapitalgesellschaften ist selbstverständlich die Rendite des eingesetzten Kapitals eine wichtige Orientierung eines Unternehmens. Grundsätzlich wird dabei aber neben der jährlichen, möglichst hohen Rendite immer auch eine Sicherstellung der langfristigen und somit eher gleichmäßigen Rendite erwartet. Bei an der Börse notierten und am Shareholder Value orientierten Aktienunternehmen allerdings ist eine klare Orientierung an dem kurzfristigen Börsenwert dominierend, sodass solche Unternehmen ähnlich wie bei der Verkaufsorientierung eher kurzfristig denken und handeln und eher auf notwendige Investitionen verzichten.
- **Börsenkapitalisierungsorientierung**: Der Börsenwert diktiert das Unternehmen (»*Ideen über Dienstleistungen und über potenzielle Kunden sind an kurzfristig denkende Spekulanten oder sehr langfristig denkende Anleger zu kommunizieren*«). Bei Unternehmen der sogenannten »New Economy«, im Wesentlichen junge Internetdienstleister, gibt es das Phänomen der Orientierung an einem schnellen hohen Börsenwert nach dem Börsengang. Gewinne oder Produkte sind dabei nur so weit wichtig, wie es die Zukunftserwartungen der Börsenanleger in die Internetdienstleistung positiv beeinflusst. Verluste charakterisieren überwiegend diese Unternehmen, da die Anleger bei Gewinnen wahrscheinlich vermuten würden, dass es sich gar nicht um ein echtes und somit zukunftsträchtiges Internet-Start-Up-Un-

ternehmen handelt. Und somit dann auch keine überdimensionalen und kurzfristigen Wachstumsraten und Börsenwerte zu erwarten wären.

Praxisbeispiel: *Wenige dieser unternehmerischen Grundhaltungen findet man in reiner Form vor. Meist entsteht ein Mix. Typisch für die Verkaufsorientierung ist die Branche Finanzdienstleistungen. Versicherungen und Bausparverträge lassen sich nur durch eine 100%ige Verkaufsorientierung an den Kunden bringen. Die Automobilindustrie ist ein gutes Beispiel für eine Kombination aus Produkt- und Produktionsorientierung. In der Entwicklungsphase regieren die Ingenieure und Controller; in der Marktphase die Produktion. Dann steht die Produktionsauslastung an vorderster Stelle. Beispiele dafür sind Legion. So wurde die absatzschwache, da an Kundenwünschen völlig vorbeientwickelte S-Klasse von Mercedes gebaut und gebaut, sodass riesige zusätzliche Lagerkapazitäten angemietet werden mussten. Bis heute wird z. B. das Entwicklungsprojektteam bei Opel immer von einem Ingenieur der Entwicklungsabteilung geführt.*

In Deutschland herrscht auch nach nun schon dreißig Jahren Marketingausbildung noch immer die Produktorientierung vor. Hierbei steht immer die Produktentwicklung im Vordergrund. Erst danach wird über den Absatz nachgedacht, wie denn diese tollen Produkte an den Mann oder an die Frau zu bringen seien. Da viele Unternehmen mit dieser Vorgehensweise erfolgreich sind, kann man darüber spekulieren, wie erfolgreich sie dann erst wären, wenn sie markt- und somit kundenorientiert vorgehen würden. Meist findet man auch eine Kombination vor, die nicht alle glücklich, aber auch nicht alle unglücklich macht.

Eng verbunden mit dieser unternehmerischen Grundhaltung ist die Frage, ob durch die Marketinginstrumente ein Bedürfnis zu wecken sei, welches vorher gar nicht vorhanden gewesen wäre. In der Kundenorientierung des Marketing wird vom Kundenbedürfnis ausgegangen und danach ein darauf zugeschnittenes Produkt entwickelt. In der Produktorientierung wird ein verbessertes oder innovatives Produkt entwickelt, welches dann Interesse beim Kunden erzeugen soll. Kann nun für ein so entwickeltes Produkt ein Bedürfnis »geweckt« werden, welches gar nicht vorhanden ist? Gründe für die Gegenposition der Kundenorientierung, ein vorhandenes Bedürfnis würde geweckt, können sein:

▸ **Siegeszug der Marketing-Marken**: Schaut man sich am Anfang des 21. Jahrhunderts um, welche Produkte und Marken dominieren, so sind dies fast ausschließlich Marken von marktorientierten Unternehmen.

▸ **Kürzere Produktlebenszyklen**: Ein anderer Grund, der gegen die Produktorientierung spricht, sind die immer kürzeren Lebenszyklen der Produkte.

Produkte altern in den Augen der Kunden immer schneller, so dass eine Produktorientierung gar nicht nachkommen kann.

▶ **Schnellere Reaktionszeiten:** Durch neue Medien wie dem Internet liegen Informationen über Kundenwünsche und Wettbewerber schneller vor. Somit kennt die Konkurrenz immer schneller die Produktentwicklungen und Produkteinführungen eines Unternehmens. Der zeitliche Vorsprung gegenüber kopierenden oder ähnliche Produkte herstellenden Konkurrenten wird immer kürzer.

▶ **Entwicklung zur Dienstleistungsgesellschaft**: Mehr und mehr werden Industriegüter von ihrem Anteil am Bruttosozialprodukt und an Arbeitsplätzen durch Dienstleistungen ersetzt. Diese unterliegen viel weniger der Möglichkeit einer Produktorientierung, da sie nicht vorgefertigt und gelagert werden können.

Praxisbeispiel *Procter & Gamble: Ingenieure sind selbstverständlich der Meinung, dass eine gute Idee und ein innovatives Produkt den Erfolg bestimmt. So ist eine Erfindung wie die Compact Disc sicherlich ein Produkt, was der Markt aufgrund der Eigenschaften aufnimmt. Trotzdem hat es viele Anläufe, insbesondere von Philips, gebraucht, diese Innovation in den Markt hineinzubringen. Es sind bestimmte Rahmenbedingungen notwendig, dass eine Innovation tatsächlich auch vom Markt aufgenommen wird. Außerdem werden die meisten Innovationen nicht aufgrund zufälliger, einmaliger Eingebungen gemacht, sondern auf der Basis langjähriger konsequenter Forschung. Auch hier wird sicherlich das Unternehmen, welches konsequent nach der Lösung von Kundenproblemen und Kundenbedürfnissen forscht, erfolgreicher sein als ein Unternehmen, welches sich an grundsätzlich technischer Weiterentwicklung orientiert. Das klassische Beispiel für gute Bedürfnisbefriedigung statt Bedürfnisweckung ist das Produkt Pampers. Die Firma Procter & Gamble hat über Marktforschung in der »Baby Boomer-Phase« nach dem 2. Weltkrieg herausbekommen, dass ein großes Bedürfnis von Müttern darin besteht, die Nutzung und Entsorgung von Windeln zu vereinfachen. Die Frage danach, ob sie sich dafür Papierwindeln vorstellen könnten, wurde kategorisch von den Frauen abgelehnt. Trotzdem wurden die Höschenwindeln auf Zellulosebasis (»Pampers«) sofort ein Erfolg. Procter & Gamble hat zu keiner Zeit versucht, bei den Kundinnen ein Bedürfnis nach Papierwindeln zu wecken, sondern das Bedürfnis der Mütter nach »trockenen« Babys und einfacher Handhabung zu erfüllen.*

Begriffe und Abgrenzungen

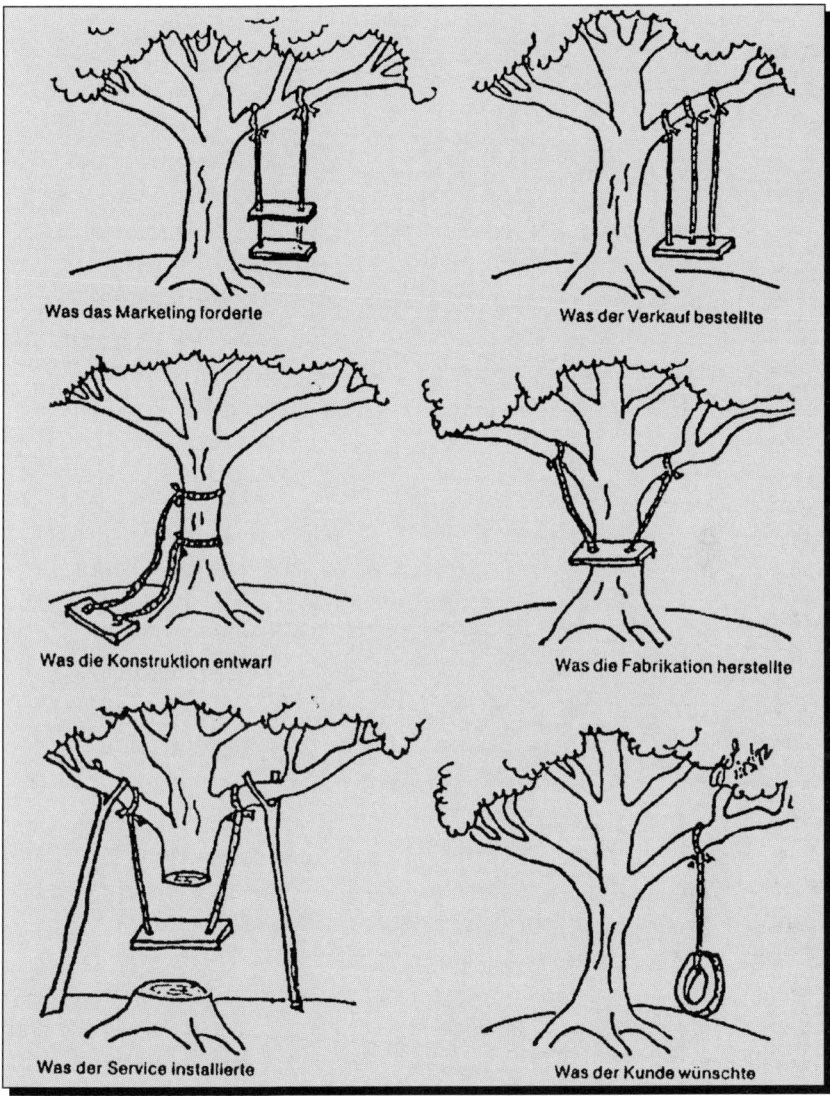

Abb. 5: Produktanforderungen an einen Schaukelstuhl (o. V., Marketing Journal 4/74, zitiert nach Weis 1997, S. 223)

Fünf Abteilungen lösen das Kundenproblem einer Reifenschaukel. Fünf Ergebnisse und keines davon trifft den Kundenwunsch. Sicherlich nichts ungewöhnliches. Bleibt die Frage nach dem zu erwartenden Erfolg der einzelnen Lösungen. Immerhin: Die Marketing- und die Verkaufsabteilung bietet Lösungen, die einen ähnlichen Nutzen (»schaukeln«) ermöglicht wie der eigentliche Kundenwunsch.

1.3 Aufgaben des Marketings

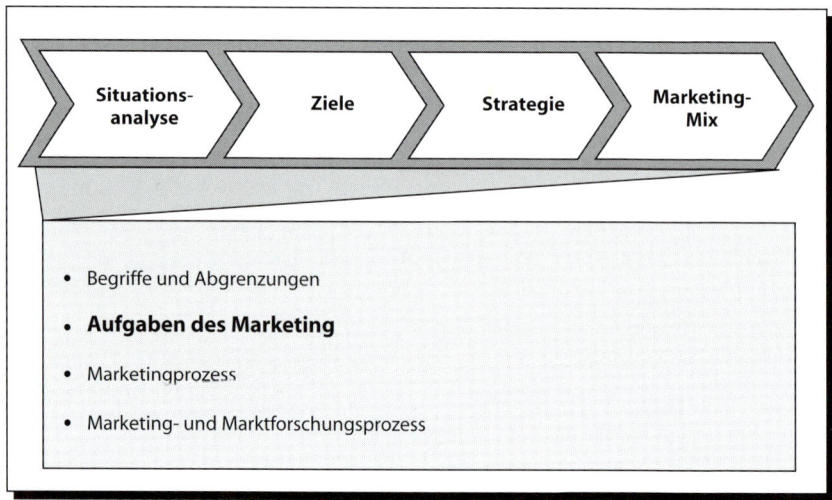

Abb. 6: Grundlagen – Aufgaben des Marketing

In einem marktorientierten, also einem von der Marketingphilosophie beseelten Unternehmen sind Marketingziele mit denen des Unternehmens überwiegend identisch und gehen darüber teilweise hoch hinaus (siehe Kapitel 3 – Ziele). Die Aufgabe des Marketing besteht nun darin, die notwendigen Schritte zu unternehmen, dass diese Ziele auch erreicht werden. Dazu gibt es eine Reihe von grundsätzlichen Aufgaben des Marketing, welche in diesem Kapitel beschrieben werden.

Vereinfacht festgestellt hat das Marketing nur eine einzige Aufgabe: **Auf der Basis der Markt- und Kundenorientierung ein Unternehmen langfristig erfolgreich zu machen und erfolgreich zu halten.** Um dies zu schaffen, gilt es drei einfache, in dieser Reihenfolge gestellte Fragen zu beantworten:

1. Wer ist der Kunde?
2. Was will der Kunde?
3. Was muss ich tun, damit der Kunde das bekommt, was er will?

Erst danach ergeben sich die Fragen und Wünsche nach den eigenen Zielen wie Gewinne oder Rentabilität. Wichtig hierbei ist die Reihenfolge, die Prioritätensetzung. Die erste Frage lautet nicht, wie können wir möglichst hohen

Profit machen, sondern wer ist eigentlich unser Kunde, für den wir uns so bemühen?

Wer ist der Kunde? Diese Frage entscheidet über Erfolg und Misserfolg im Marketing. Dazu stellt sich zuerst immer die Frage, wer ist in einer Wirtschafts- oder sonstigen Beziehung der Kunde und wer der Lieferant. Da der Kunde der Engpassfaktor ist, muss sich der Lieferant nach ihm richten, um seine eigenen Ziele zu erreichen. Vereinfacht kann man den Kunden als die Person definieren, von der eine andere Person, der Lieferant, Geld oder einen gleichwertigen Nutzen als Gegenwert für ein Produkt oder Leistung will. Der Kunde ist also in der Regel die Person, von der eine andere Person etwas will. Die Frage nach dem Kunden hat auch noch eine weitere Wichtigkeit für ein Unternehmen. Eine Entscheidung für den Kunden oder das Kundensegment A hat auch immer eine Entscheidung gegen den Kunden oder das Kundensegment B zur Folge. Man kann mit einem Marketinginstrumentarium nicht alle Kunden gleichmäßig glücklich machen. Unterschiedliche Kunden oder Kundengruppen haben unterschiedliche Wünsche und Bedürfnisse.

Stellen Sie sich vor, Sie legen Ihre Füße in einen Backofen mit 150 Grad und Ihren Kopf in die Gefriertruhe, dann würden Sie sich im Durchschnitt wohl fühlen. Der Durchschnitt sagt sicherlich nichts über das Wohlbefinden in diesem Falle aus. Es gibt keinen durchschnittlichen Kunden. Es gibt nur individuelle Kunden und Kundengruppen mit ähnlichen Wünschen und Bedürfnissen.

Was will der Kunde? Ist der Kunde oder die Kundengruppe identifiziert und bestimmt, folgt die notwendige Feststellung, welche Bedürfnisse diese Kundengruppe hat und wie sich diese von den Bedürfnissen der anderen, nicht ausgewählten Kundengruppen unterscheiden.

Praxisbeispiel *Procter & Gamble*: *Die Firma Procter & Gamble verkauft sehr erfolgreich Zelluloseprodukte zur hygienischen Feuchtigkeitsaufnahme von Menschen jeden Alters. Dabei sind zwei zentrale Zielgruppen definiert: Junge Mütter mit Babys und Senioren. Abgesehen von den Größenunterschieden bekommen beide Zielgruppen das gleiche Produkt mit den gleichen faktischen Produktbestandteilen. Unterschiede im Marketinginstrumentarium sind z. B. die Bedruckung der Höschenwindeln und vor allem die Kommunikation. Beide Zielgruppen sollen das Gefühl bekommen, dass sie nichts mit der anderen zu tun haben. Schließlich haben sie verschiedene Bedürfnisse und sind absolut unterschiedliche Zielgruppen. Oder stellen Sie sich einmal vor, die Werbung würde von »inkontinenten Babys« oder »nässenden Senioren« sprechen!*

Was muss ich tun, damit der Kunde das bekommt, was er will? Kennt man die Bedürfnisse des Kunden, so besteht das ganze Erfolgsgeheimnis des Marketing darin, diese Wünsche und Bedürfnisse konsequent zu befriedigen. Es gilt also, das, was der Kunde will, herzustellen und ihm zu verkaufen und nicht das, was technisch machbar ist oder die Entwicklungsabteilung selbstständig entwickelt.

Praxisbeispiel *Sony Walkman*: *Ein klassisches Beispiel für den Unterschied zwischen Kundenorientierung und Produktorientierung und somit für den Erfolg des Marketing ist der Sony Walkman. Dieses Gerät war zum Zeitpunkt der Entwicklung ein technologischer Rückschritt und wurde von den Sony-Ingenieuren vehement als Rückfall in die Steinzeit der Cassettenrecordertechnik abgelehnt. Sie schämten sich, so etwas entwickeln und auf den Markt bringen zu sollen. Doch die Kunden wollten es und der Walkman wurde ein Riesenerfolg und Sony eines der größten Unternehmen der Welt.*

Die Beantwortung dieser drei Marketing-Grundfragen in der angegebenen Reihenfolge ist der einfache Erfolgsfaktor des Marketing. Wer diesen Weg begeht, wird erfolgreicher als die anderen konkurrierenden Unternehmen. Dies ist die Erfolgsphilosophie des Marketing.

1.4 Marketingprozess

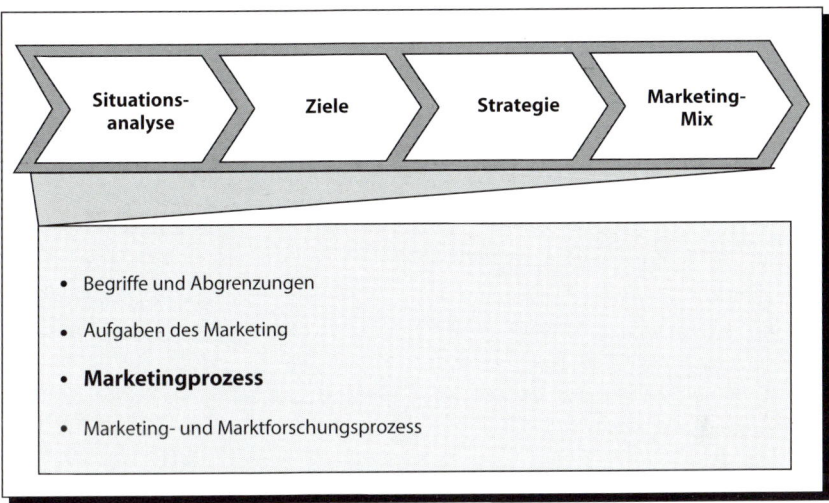

Abb. 7: Grundlagen – Marketingprozess

Um erfolgreiches Marketing zu betreiben und dazu eine erfolgreiche Marketingkonzeption für ein Unternehmen, eine Sparte oder eine Marke zu erstellen, sind klar umrissene Schritte zu beschreiben. Dieser Marketingprozess durchläuft im Wesentlichen vier Oberbereiche:

▶ Die Situationsanalyse,
▶ die Bestimmung des Zielsystems,
▶ die Strategiebestimmung und
▶ die Auswahl des passenden Marketinginstrumentariums.

Der Prozess zur Gestaltung einer marktorientierten Konzeption und somit zu einer höheren Erfolgswahrscheinlichkeit beginnt mit der **Darstellung der Ausgangssituation**. Wo steht das Unternehmen, auf welchen Märkten ist es tätig, in welcher Wettbewerbssituation? Ist die Situation beschrieben, folgt die **Definition der Ziele**, der Sollzustand des Unternehmens. Als dritter Schritt zur Konzepterstellung folgt die Frage nach der **Strategie**, dem Weg von der Ist- zu der Sollposition. Damit ist der grundsätzliche Weg gemeint. Als letztes ist der ausgewählte Weg mit Hilfe der **Instrumente des Marketing-Mixes** zu gehen.

Grundlagen

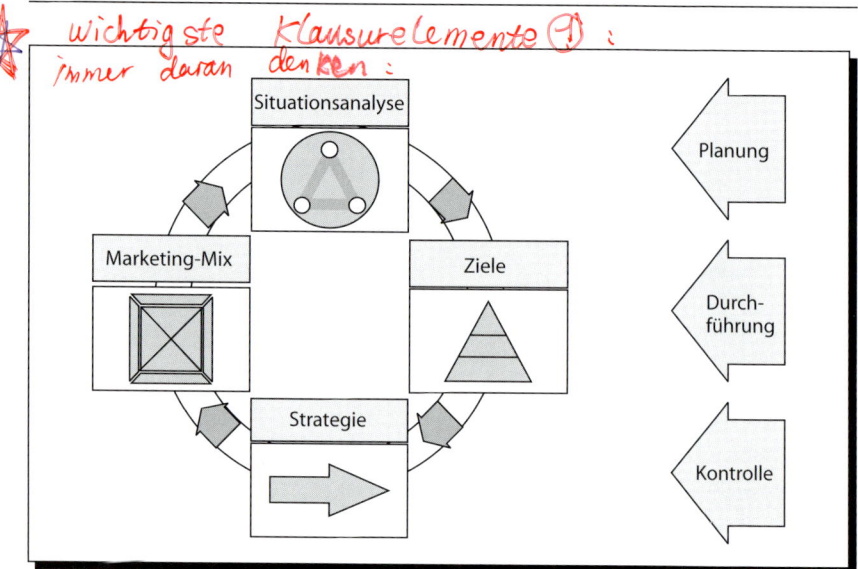

Abb. 8: Marketingprozess (Kamenz 1996, S. 10)

Wie alle betriebswirtschaftlichen Prozesse unterliegt auch der Marketingprozess dem Steuerungsdreiklang Planung – Durchführung – Kontrolle. Dies bezieht sich sowohl auf den ganzen Prozess wie auch die einzelnen Prozessbestandteile. In diesem Lehrbuch werden schwerpunktmäßig die Planungsschritte zu einer geschlossenen und erfolgsversprechenden Marketingkonzeption erarbeitet und vorgestellt. Geschlossen bedeutet, dass alle Phasen des Marketingprozesses aufeinander abgestimmt und in sich schlüssig sind und sich ideal ergänzen.

Sie halten sich in München auf und machen eine Situationsanalyse. Sie stellen fest, dass das Wetter schlecht ist, Sie Zeit und Geld haben und gerne in den Süden wollen. Danach entscheiden Sie sich für ein Ziel: Mailand. Dort ist es warm und angenehm. Somit ist München das Ist und Mailand das Soll. Als Drittes ergibt sich die Frage des einzuschlagenden Weges. Im Marketing spricht man dabei von Strategie. Aus den vielen möglichen Wegen entscheiden Sie sich für einen Mix aus Eisenbahn bis Innsbruck, mit dem Elefanten auf den Brenner und von da mit dem Fahrrad bergab bis Mailand. Könnten Sie jetzt schon losfahren? Nein! Es fehlen Ihnen die Informationen, wann z. B. der Zug fährt, ob und wann der Elefant zu mieten ist und wie das Fahrrad auf dem Brenner bereitgestellt wird. Sie müssen also die Instrumente planen, mit denen Sie den Weg beschreiten. Im Marketing spricht hier vom Marketing-Mix, dem Bündel von Instrumenten im Marketing. Erst nach der Planung können die einzelnen Schritte umgesetzt wer-

den. Nach der Ankunft in Milano oder spätestens beim nächsten Aufenthalt bei schlechtem Wetter in München, werden Sie den durchschrittenen Prozess kritisch würdigen und somit einer Kontrolle unterziehen. Somit wird die nächste Planung professioneller und ökonomischer.

Die vier Bereiche des Marketingprozesses unterliegen wie alle unternehmerischen Prozesse der betriebswirtschaftlichen Steuerung, dem Controlling:

- **Planung:** Welche Schritte sind in der zukünftigen Umsetzungsperiode nach Zeit und Inhalt zu gehen? Welche Mittel sind wann, an welchem Ort, in welcher Menge zur Verfügung zu stellen?
- **Durchführung:** Wird planungs- und zeitgerecht umgesetzt? Muss gegengesteuert werden?
- **Kontrolle:** Waren die eingesetzten Mittel ausreichend und erfolgreich? Ist der erwartete Nutzen eingetreten? Muss nachgebessert werden?

1.5 Marketing- und Marktforschungsprozess

Abb. 9: Grundlagen – Marketing- und Marktforschungsprozess

Marketingmanagement bedeutet, kunden- und marktorientierte Entscheidungen in allen Bereichen des Unternehmens mit kurz-, mittel- und langfristigen Wirkungen zu treffen. Da der Mensch nur eine Entscheidung fällt, wenn er zu einem Problem eine Lösung finden muss, geht es als erstes darum, das zu lösende Problem zu entdecken und präzise zu definieren.

Nach der Entdeckung eines Problems z. B. durch eine eigene Marktforschungsabteilung mit dem Ziel der Aufdeckung von solchen Problembereichen, muss jedes einzelne Problem als zu lösende Aufgabe eng präzisiert werden. Jedes einzelne Problem ist nach Inhalt, Umfang und Zeitbezug zu formulieren. Daraus ergibt sich das Marktforschungsziel und daraus kann der entscheidungsrelevante Informationsbedarf abgeleitet werden. Neben der unsystematischen Problemerkennung gibt es auch einen Weg, alle marktorientierten Entscheidungen eines Unternehmens zu definieren und deren Informationsbedarf abzuleiten. Diese Systematik folgt den unterschiedlichen vier Hauptphasen des dargestellten Marketingprozesses.

Praxisbeispiel *Camel*: *Anfang der 90er Jahre sollte mit einem Produktrelaunch und einer entsprechend neuen, aufmerksamkeitsstarken und ungewöhnlichen Werbestrategie der Marktanteil der Zigarettenmarke Camel deutlich erhöht wer-*

den. Die umgesetzte Werbeidee, das Kamel als Markenzeichen in witzigen und spontanen Situationen lebendig zu machen, wurde von den Marktforschern durch Pre- und Posttest bei allen Altersgruppen, Rauchern und sogar Nichtrauchern als erfolgversprechend getestet. Die Werbekampagne wurde durchgeführt und bekam nie dagewesene Aufmerksamkeits- und Sympathieratings bei Rauchern und auch Nichtrauchern. Allerdings veränderte sich der Marktanteil nur geringfügig. Die erfolgreiche Werbekampagne war letztendlich nicht erfolgreich, da das eigentliche Ziel der Marktanteilssteigerung nicht erreicht wurde. Was war schief gelaufen? Die Problem- und Aufgabenformulierung war nicht exakt genug vorgenommen worden. Der Umfang der Zielgruppe war nicht genau bestimmt worden. Als Zielgruppe für den Relaunch und die Werbekampagne wären nur bisherige, ehemalige und direkte Wettbewerbskunden der Marke Camel abzugrenzen gewesen – und nicht die Gesamtheit der Raucher oder gar die Nichtraucher als neues Potenzial.

In jeder Phase des Marketingprozesses fallen Entscheidungen an, müssen also Probleme angegangen werden. Nur die Marktforschung ist sinnvoll und nützlich, die wirklich einen Vorteil bei der Auswahl der Handlungsalternativen für eine Problemlösung bewirkt. Von der Marktforschung sind nur solche Informationen zu erheben, zu analysieren und zu interpretieren, die zum Einen eine direkte Relevanz zur Entscheidungsfindung aufweisen, und zum Anderen einen möglichst großen Beitrag zur Reduktion der Unsicherheit aufweisen.

Ein Marktforscher ermittelt durch Sekundäranalyse die Halbwertzeit von Kohlenstoff 14. Ist diese Information entscheidungsrelevant? Für einen Manager selten, doch für einen Archäologen außerordentlich wichtig. Über diesen Wert kann das Alter von gefundenen Ausgrabungsstücken exakt definiert werden.

Eine moderne, praxisbezogene und marketingorientierte Marktforschungsdefinition sieht wie folgt aus:

Marktforschung erzeugt systematisch auf der Basis wissenschaftlicher Methoden (Erhebung, Analyse, Interpretation und Präsentation) Informationen für Marketingentscheidungen, welche das Management und die Gestaltungsalternativen aller Kunden-Lieferanten-Beziehungen sowohl materieller als auch immaterieller Güter betreffen.

Grundlagen

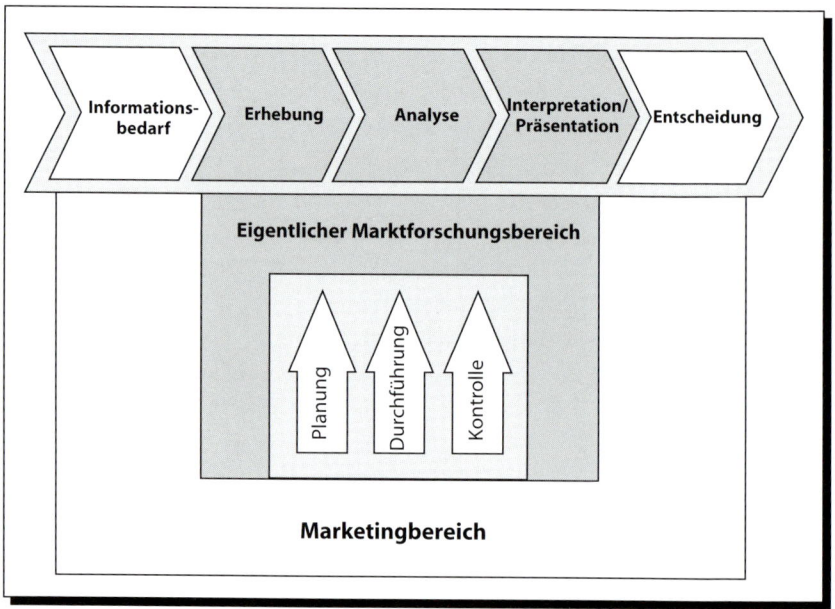

Abb. 10: Marketing und Marktforschungsprozess (Kamenz 1996, S. 10)

Der Ausgangspunkt für den Marktforschungsprozess ist die Identifizierung des Marketingproblems. Das beinhaltet alle aufgezeigten möglichen Kombinationen von Einzelfragen. Aus diesem Entscheidungsproblem resultiert der Informationsbedarf. In den drei weiteren Marktforschungsprozessstufen, der Marktforschung im engeren Sinne, werden für diesen Entscheidungsbedarf Informationen und Daten erhoben, analysiert, interpretiert und präsentiert. Auf dieser Basis werden von den Marketingverantwortlichen letztendlich die Entscheidungen getroffen. Die erste und letzte Phase betrifft somit die Marketing – oder Geschäftsleitung, während die drei Phasen dazwischen internen und/oder externen Marktforschungsspezialisten und Instituten unterliegen.

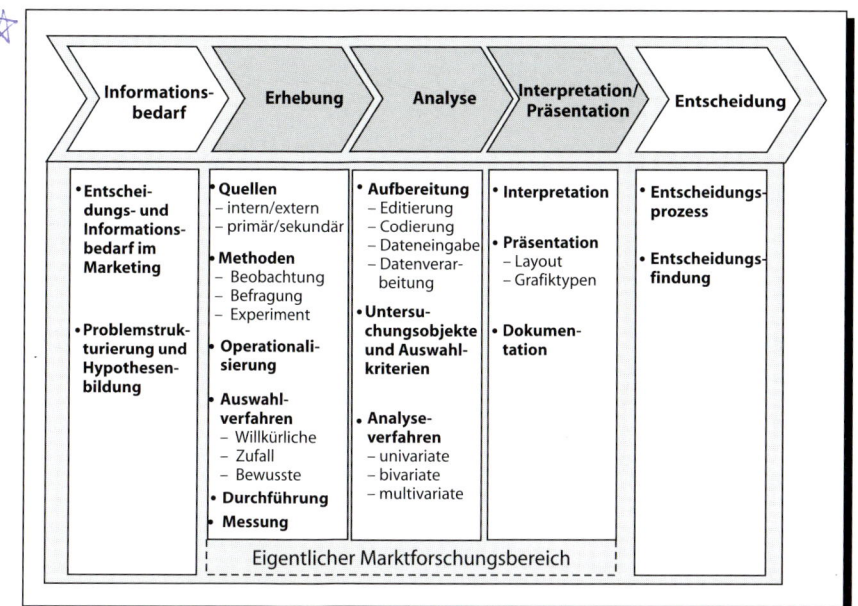

Abb. 11: Marktforschungsprozess (Kamenz 1996, S. 11)

Somit hat der Marketingverantwortliche in der ersten Phase des Marktforschungsprozesses für sein konkretes Problem, also seine konkrete Aufgabenstellung, den notwendigen Informationsbedarf durch die Formulierung z. B. von Problemfragen festzulegen. Danach wird der Marktforscher die für die Beantwortung der Problemfragen notwendigen Informationen erheben, analysieren und interpretieren. Die Ergebnisse präsentiert er zum Abschluss dem Marketingverantwortlichen. Er versucht also, die gestellten Problemfragen zu beantworten und eine Handlungsempfehlung auszusprechen. In der letzten Phase des Marktforschungsprozesses trifft der Marketingverantwortliche auf der Basis der mit Hilfe der Marktforschung reduzierten Unsicherheit die Entscheidung.

2 Situationsanalyse

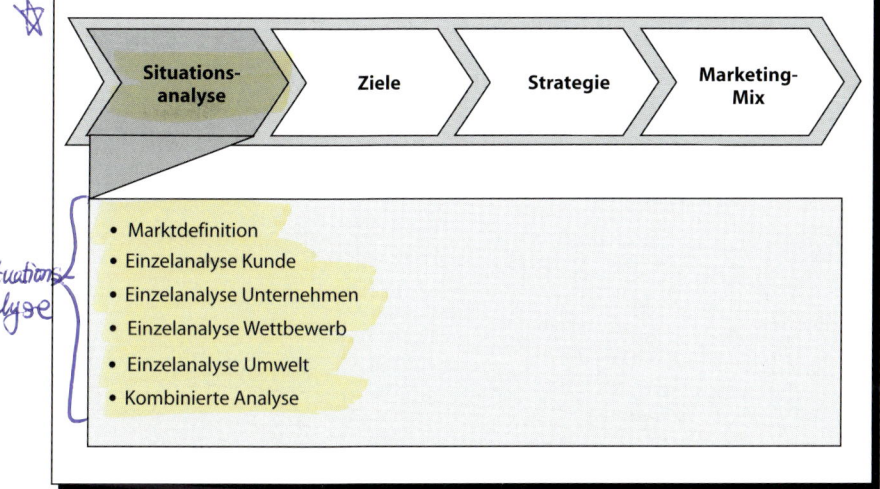

Abb. 12: Situationsanalyse – Übersicht

In diesem Kapitel werden alle notwendigen Teilschritte der Situationsanalyse beschrieben. Die Situationsanalyse beschreibt die Ausgangssituation, die Ausgangslage, den Istzustand oder das Ist eines Unternehmens zu einem festen, fixen Zeitpunkt. Erläutert werden die Teil- und Einzelanalysen bezüglich Kunde, Unternehmen, Wettbewerb und Umwelt. Danach werden einige kombinierten Ansätze dargestellt, die einige oder alle dieser vier einzelnen Kernbereiche miteinander kombinieren.

2.1 Einstieg

Der Ausgangspunkt der Erstellung einer Marketingkonzeption ist die vollständige Feststellung der augenblicklichen Situation. Sie wird immer zu einem Stichtag oder festem Zeitpunkt gemacht. Sie stellt dabei die mehrdimensionale Struktur aus der Situation bezüglich des Kunden, des eigenen Unternehmens, des Wettbewerbs und der Umweltfaktoren dar. Auch beinhaltet sie alle Informationen zum Stichzeitpunkt bezüglich Vergangenheit, Gegenwart und auch Zukunft. Die vorliegenden Informationen über die Zukunft wie z. B. Prognosen sind Bestandteil der Situation eines Unternehmens.

Abb. 13: Situationsanalyse – Cartoon (Seiler 1991, S. 50)

Neben der Frage, welche Inhalte und welche Informationen erhoben wurden, stellt sich als Zweites die Frage, für wen die Situationsanalyse überhaupt gemacht werden sollte. Denkbar wären:

- **Konzern, Holding**
- **Unternehmen**
- **Unternehmenssparte**
- **Abteilungen**
- **Produktgruppen**
- **Produkte**
- **Marken**
- **Geschäftsfelder**

Situationsanalyse

Die Situationsanalyse kann also auf verschiedenen Unternehmensebenen und unterschiedlichen Aggregationsstufen zu jeder Zeit erstellt werden. Sie wird aber immer aus der Sicht eines Unternehmens für dieses Unternehmen zu einem Stichzeitpunkt erstellt. Bewährt hat sich in diesem Zusammenhang der Begriff des **Strategischen Geschäftsfeldes (SGF)**.

Ein Strategisches Geschäftsfeld ist eine Analyseeinheit, welche für sich allein analysierbar ist, strategisch bearbeitbar ist, ein bestimmtes Marktsegment hat und einen identifizierbaren Wettbewerb aufweist. Man nennt sie auch vereinfacht eine **Produkt-Markt-Kombination**. Da der Erfolgsfaktor des Marketing die Kundenorientierung ist, sind idealerweise diese Geschäftsfelder entsprechend der Zielgruppen oder deren Bedürfnisbefriedigung abzugrenzen. Somit sind unter bestimmten Voraussetzungen Sparten, Produktgruppen, Produkte oder Marken auch als strategische oder einfach als Geschäftseinheit zu betrachten.

Praxisbeispiel: *Obwohl in der Automobilindustrie bekannt ist, dass es unterschiedliche Kunden mit völlig unterschiedlichen Bedürfnissen gibt (z. B. eine Familie oder ein Handelsvertreter), ist die Organisation dort immer produkt- oder produktgruppenorientiert. Man kann sich dort nicht vorstellen, dass es statt eines Produktmanagers für einen Omega oder Vectra einen Zielgruppenmanager Familien gäbe. Beide Vorgehensweisen haben Vor- und Nachteile. Sicher ist dies: mit einem Zielgruppenmanager Familien gäbe es z. B. bei Opel sehr schnell ein echtes Familienauto!*

Der Anstoß für eine Situationsanalyse ist vielfältig. Bei Großunternehmen wird sie kontinuierlich monatlich oder quartalsweise nach festem Plan und für fest definierte Unternehmensteile und Kriterien durchgeführt. Bei kleineren Unternehmen analysiert man die Ausgangssituation zumindest für die jährliche Marketing- und Vertriebsplanung einmal im Jahr. Neben diesen geregelten internen Anstößen gibt es auch externe Gründe, eine Ist-Analyse oder eine Problemdefinition vorzunehmen. Plötzliche Veränderungen der gesetzlichen Situation, Kostensteigerungen bei Ressourcen oder technische Entwicklungen geben Anlass zum Nachdenken und zur Analyse als Vorbereitung für die richtigen Entscheidungen.

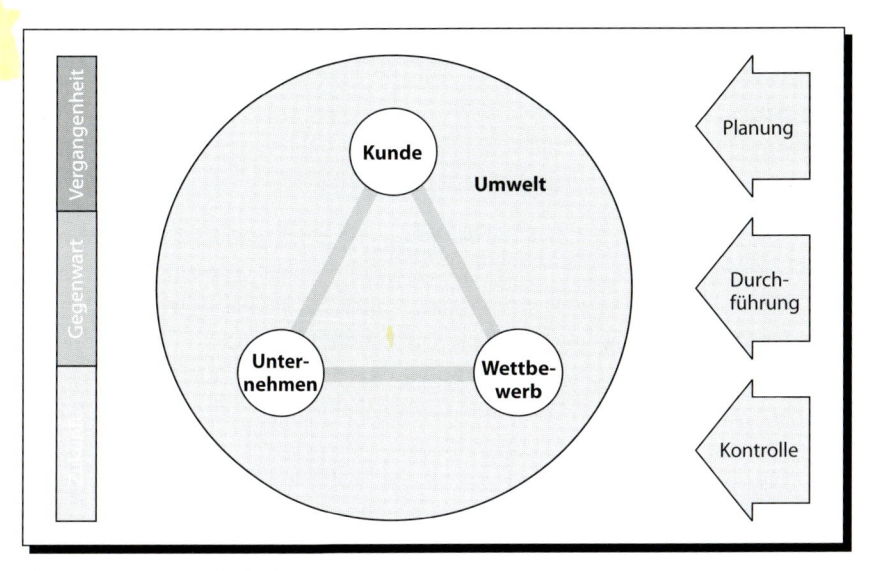

Abb. 14: Bestandteile der Situationsanalyse

Praxisbeispiel: *Ein Automobilhersteller muss für seine Situation in der Umweltbetrachtung für langfristige Entscheidungen einkalkulieren, dass demnächst in Deutschland mehr alte als junge Menschen Autos kaufen werden. Ohne diese Information würden auf der Basis einer unzureichenden Situationsanalyse falsche Ziele und Strategien für die Zukunft verabschiedet.*

Die Schwierigkeit besteht vor allem darin, diese Mehrdimensionalität zu erfassen. Dies ist vor allem die Kunst eines erfahrenen Marketingmanagers. Für die ersten Schritte zur Erstellung einer aussagekräftigen Situationsanalyse werden wir die folgende, einfachere Schrittfolge wählen:

▶ **Marktdefinition:** Auf welchem Markt sind wir tätig? Wie grenzt sich unser Markt zu anderen Märkten ab?
▶ **Kunde** (auch ggf. Absatzmittler): Wer ist unser Kunde? Was will unser Kunde? (Kundenanalyse)
▶ **Unternehmen:** Wer sind wir? Was wollen wir? Wie ist unsere eigene Ausgangssituation? Wo sind unsere Stärken und Schwächen? (Potenzialanalyse)
▶ **Wettbewerb:** Wie sieht unsere Wettbewerbssituation aus? Wer ist unser wichtigster Wettbewerber? Wo hat er seine Stärken und Schwächen? (Wettbewerbsanalyse)

- **Umwelt:** Welche Entwicklungen der sonstigen Umwelt sind zu beachten? Wo liegen Chancen und Risiken für uns? (Umweltanalyse, Branchenanalyse)
- **Integrative Analyse:** Welche Entwicklungen der sonstigen Umwelt sind zu beachten? Wo liegen Chancen und Risiken für uns?

Die Situationsanalyse unterliegt wie jede andere Stufe des Marketingprozesses dem betriebswirtschaftlichen Dreiklang Planung – Durchführung – Kontrolle. Dabei ist hier vor allem der Kosten-Nutzen-Aspekt in Hinsicht auf die Entscheidungsrelevanz der Informationen zu betrachten.

2.2 Marktdefinition

```
Situations-  >  Ziele  >  Strategie  >  Marketing-
analyse                                  Mix
```

- **Marktdefinition**
- Einzelanalyse Kunde
- Einzelanalyse Unternehmen
- Einzelanalyse Wettbewerb
- Einzelanalyse Umwelt
- Kombinierte Analyse

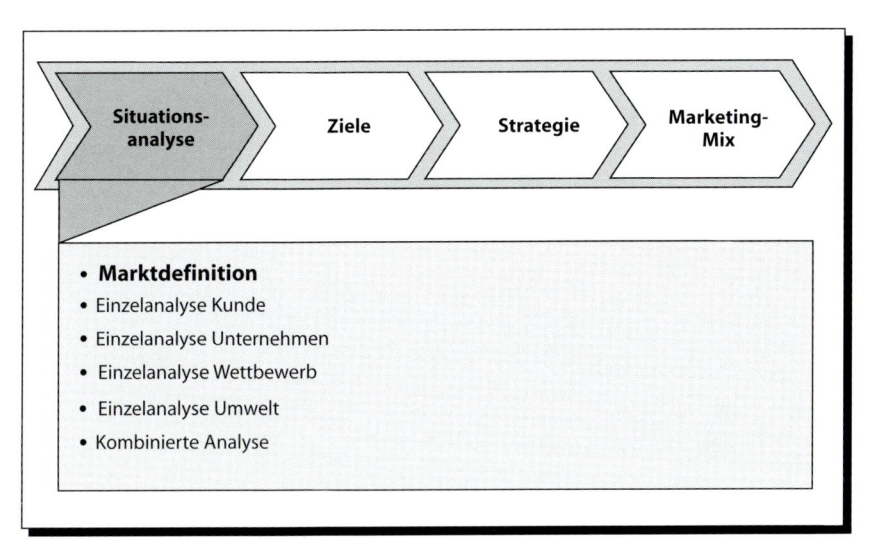

Abb. 15: Situationsanalyse – Marktdefinition

Noch wichtiger als für die Außendarstellung ist es für das Unternehmen nach innen festzulegen, auf welchem Markt oder auf welchen Märkten das eigene Unternehmen tätig ist. Deshalb ist die Feststellung der augenblicklichen Marktdefinition Ausgangspunkt der Situationsanalyse. Diese ist oft eng verbunden mit der Unternehmensorganisation. Die Situationsanalyse stellt nur fest, wie denn für das Unternehmen oder ein Strategisches Geschäftsfeld der Markt augenblicklich definiert wird. Idealerweise ist diese Marktdefinition sicherlich kundenorientiert, doch vielfach sind in der Realität weiterhin produktorientierte oder anders orientierte Marktdefinitionen feststellbar.

Produktorientierte Marktdefinitionen sehen den Produktnutzen und die Produkteigenschaften im Vordergrund. Kundenorientierte dagegen konzentrieren sich auf den Kundennutzen und die teilweise auch irrationale Kundenbedürfnisbefriedigung durch die Produkte.

Situationsanalyse

Unternehmen	Produktorientierte Definition	Kundenorientierte Definition
Deodoranthersteller	Wir töten Geruchsbakterien ab.	Wir machen Sie attraktiv und erfolgreich.
Elektronikhersteller	Wir wollen elektronische Bauteile für Küchengeräte herstellen.	Wir sorgen für glückliche Ingenieure beim Gerätehersteller.
Lexikon-Verlag	Wir verkaufen Lexika.	Wir geben Ihnen Wissen.
Pausensnackhersteller	Wir stellen schokoladen-ähnliche Produkte aus genmanipulierter Soja her.	Wir stellen Mitbringsel her, die Ihre Schwiegermutter als Geschenk akzeptiert.
Seifenhersteller	Wir stellen Produkte aus Tierkadavern und moderner Chemie her.	Wir verkaufen Hoffnung auf Schönheit.
Uhrenmarke	Wir verkaufen Uhren.	Wir verkaufen Prestige.
Unterhaltungselektronik	Wir stellen Walkmans her.	Wir sorgen für Musik, Unterhaltung und Spaß beim Sport.

Abb. 16: Produkt- und kundenorientierte Marktdefinitionen

Wie die Übersicht zeigt, ist eine Marktabgrenzung nach dem Produkt und den Produkteigenschaften viel einfacher, als nach den Kunden und den Kundenwünschen. Es zeigt sich bei den entsprechenden Versuchen auch immer wieder, dass Manager die Bedürfnisse ihrer Kunden gar nicht genau kennen und deshalb eine solche kundenorientierte Marktdefinition gar nicht vornehmen können.

Marktdefinition

Marke	Slogan	Marktdefinition
allago	Der Einkaufs- und Servicepartner für Ihr Unternehmen. Supereinfach. Supergünstig. Superschnell	produktorientiert
ARAG	Wir wollen, dass Sie Ihr Recht bekommen	kundenorientiert
Audi	Vorsprung durch Technik	produktorientiert
AWD	Ihr unabhängiger Finanzoptimierer	produktorientiert
BMW	Freude am Fahren	kundenorientiert
Buffo	Das Premium Hundefutter mit Garantie	produktorientiert
Coca Cola	Enjoy	kundenorientiert
Commerzbank	Die Bank an Ihrer Seite	produkt-/kundenorientiert
Holsten	Auf die Freundschaft	kundenorientiert
Krombacher	Eine Perle der Natur	kundenorientiert
Lycos	Ihr persönlicher Internet-Guide	produkt-/kundenorientiert
Materna	Information & Communications	produktorientiert
McDonalds	Every time a good time	kundenorientiert
Mercedes Benz	Die Zukunft des Automobils	produktorientiert
Moskovskaja	Ein russisches Meisterstück	produkt-/produktionsorientiert
Nivea	Ideen fürs Leben	kundenorientiert
Oase	Technik für schöne Teiche	produktorientiert
Sagrotan	Hygiene zum Wohlfühlen	produkt-/kundenorientiert
Tele2	Einfach billig telefonieren	produkt-/kundenorientiert
T-ISDN	Der bessere Anschluss	wettbewerbsorientiert
travel 24.com	Urlaub zum Greifen nah	kundenorientiert
Volksbanken	Wir machen den Weg frei	kundenorientiert
Volvo V40	Designed to save Lives	produktorientiert
Warsteiner	Das einzig wahre	produkt-/kundenorientiert

31

Praxisbeispiel: *Eine typische, produktorientierte Marktdefinition wäre für ein Chemieunternehmen: Wir stellen chemische Substanzen aus Ölprodukten und Tierkadavern für dermatologische Anwendungen her. Kundenorientiert würde der Markt für Hautcremes bezeichnet als: Wir verkaufen Hoffnung auf Schönheit.*

Eine gute Möglichkeit, die Kundenorientierung auszudrücken oder ein Unternehmen auf die Art der verwendeten Unternehmensorientierung zu überprüfen, sind die Unternehmensslogans. Ein Slogan ist ein kurzes, prägnantes schriftliches Kommunikationsmittel, welches als kurzes Statement meist der Marke oder dem Logo als Kurztext folgt. Bei einem kundenorientierten Slogan wird der Nutzen für den Kunden im Vordergrund stehen. Der Nutzen entspricht in erster Linie emotionalen Bedürfnissen und erst in zweiter rationalen Bedürfnissen. Bei einem produktorientierten Unternehmen steht die Produktqualität oder die Produktfunktion als rein rationales Verständnis im Fokus.

Ein Slogan wie »Ideen fürs Leben« sagen nichts über das Produkt aus. Es drückt, in diesem Fall für Nivea, die grundsätzliche Mission des Unternehmens aus, für das Leben der Kunden einen Nutzenbeitrag zu stiften. Während ein »Russisches Meisterstück« auf eine besonders gute Fertigung eines Produktes schließen lässt. Wozu braucht man dann noch den Kunden?

In Deutschland herrscht noch immer die Produktorientierung in der Marktabgrenzung und den Slogans vor. Ein Indiz dafür, dass das Marketing noch immer nicht in allen Vorstandsetagen als Garant für den Erfolg im globalen Wettbewerb erkannt und umgesetzt wird.

Praxisbeispiel: *Ein klassisches Beispiel für eine verfehlte Marktdefinition sind die noch bis in die 50er Jahre bestehenden Eisfarmen in den USA. Aus vielen Filmen kennen wir die großen Eisblöcke, die auf diesen sogenannten Eisfarmen hergestellt wurden. Als Markt definierte man die »Herstellung von Eis in Blöcken in Eisfarmen«. Die dann aufkommenden dezentralen Eismaschinen wurden als artfremd angesehen und bekämpft. Langfristig haben die Eisfarmen somit verloren und sind vollständig verschwunden. Hätten sie z. B. die Marktdefinition »Versorgung der Menschen mit Eis« gehabt, hätten sie selber die Entwicklung der Eismaschinen angeregt und gelenkt, so dass sie weiterhin im Geschäft geblieben wären. Allerdings mit denselben Kunden und derselben Bedürfnisbefriedigung, nur über andere Produkte. Einer ähnlichen Fehleinschätzung unterliegen z. B. gerade Tageszeitungen, die ihren Markt als »Aktuelle Informationsversorgung der Kunden über bedrucktes Papier« ansehen. Somit kümmern sie sich nicht ausreichend um das Internet. Da aber die Information z. B. von Immobilien-, Auto-*

mobil- und Jobangeboten für den Kunden nicht grundsätzlich an ein Medium wie Papier gebunden ist, werden die Tageszeitungen mehr als 90 % ihres Anzeigengeschäftes an das Internet verlieren, da sich der Kunde kostengünstiger, schneller und umfassender in der Zukunft über das Internet diesbezüglich informieren wird. Würden die Tageszeitungen dieses Marktsegment definieren als »Aktuelle, schnelle und umfassende Informationsversorgung der lokalen Kunden« würden sie das Internet in ihr Leistungsspektrum integrieren und ihren Kundenvorsprung weiter ausbauen. Im ersten Fall verlieren sie 90 % ihrer Anzeigen und somit 90 % ihres Umsatzes, im zweiten Teil kein einziges Prozent der Anzeigen und ca. 50 % des Umsatzes. Welcher Weg, welche Strategie ist die Bessere?

Neben dieser kundenorientierten Definition gibt es die etwas umfassendere und technokratischere und mehrdimensionale Marktdefinition von Abell (Abell 1980):

1. **Marktsegment:** Welches Marktsegment, welche homogenen Gruppen von Kunden sprechen wir an und welche nicht? (siehe Kapitel 5.1)

2. **Funktion:** Welche Funktionen sollen unsere Produkte, unsere Leistungsangebote für unsere Kunden erfüllen und welche nicht? Welche Nutzungsmöglichkeiten ergeben sich aus unseren Produkten für die Kunden und welche nicht?

3. **Technologie:** Welche Technologie setzen wir in unseren Produkten ein und welche nicht? Welche Verfahren oder Werkstoffe setzen wir ein, um die Funktionserfüllung beim Kunden technologisch zu erreichen?

4. **Wirtschaftsstufen:** Auf welcher Wirtschaftsstufe sind wir tätig und auf welcher nicht? Auf welcher Phase der wirtschaftlichen Leistungserstellung von der Rohstoffgewinnung bis zur Auslieferung des Produktes beim Kunden sind wir tätig und auf welcher nicht?

Praxisbeispiel: *Für einen Hersteller von Computerdruckern könnte eine Marktdefinition nach Abell folgendermaßen aussehen (fette Begriffe):*

Bereich	Alternativen
Marktsegment	Privatpersonen – **Geschäftsleute** – Vereine – …
Funktion	Grafik – **Text** – Formulare – Zeitungen – …
Technologie	**Laser** – Tintenstrahl – Nadel – Typenrad – …
Wirtschaftsstufe	Rohstoff – Bauteil – **Hersteller** – Handel – …

Dieser Hersteller ist also im Marktsegment »Geschäftsleute«, mit der Produktfunktion »Texterstellung« und mit der Technologie »Laserdruck« als »Hersteller« tätig.

Ist der Markt definiert, so sind grundsätzliche Marktkennzahlen zu ermitteln, die die Basis für alle Investitions- und Wirtschaftlichkeitsanalysen bilden. Folgende **Kennzahlen** werden vom Marketing für eigene Berechnungen und Prognosen und für das Controlling bestimmt und laufend aktualisiert:

- **Absatzpotenzial:** theoretische Aufnahmefähigkeit des Marktes bezüglich des Absatzes des Unternehmens, also Anteil am Marktpotenzial, welches das Unternehmen für realisierbar erachtet,
- **Absatzvolumen:** realer, aktueller oder prognostizierter Absatz des Unternehmens,
- **Kurzfristiges Marktpotenzial:** kurzfristige, maximale Aufnahmefähigkeit des Marktes,
- **Langfristiges Marktpotenzial:** langfristige, maximale Aufnahmefähigkeit des Marktes (Summe der Bedürfnisträger multipliziert mit dem Durchschnittsbedarf pro Zeiteinheit),
- **Marktsättigung:** Relation aus Marktvolumen und Marktpotenzial. Sie zeigt auf, inwieweit das Marktvolumen schon ausgeschöpft ist.
- **Marktanteil:** Verhältnis des Absatzes eines Unternehmens am Marktvolumen in einer Zeiteinheit,
- **Marktausschöpfung:** Quotient von Marktvolumen und Marktpotenzial und damit als Restgröße das mögliche Wachstumspotenzial des Marktes oder Sättigungsgrad,
- **Marktdurchdringung:** Relation zwischen Absatzvolumen und Absatzpotenzial. Sie zeigt die noch offen Steigerungspotenziale für ein Unternehmen am Markt auf.
- **Marktvolumen:** aktuelles Nachfragevolumen des Marktes, welches alle Anbieter in einer Zeiteinheit tätigen,
- **Relativer Marktanteil:** Quotient des Absatzes eines Unternehmens und dem Marktanteil des stärksten Konkurrenten,
- **Theoretische Marktkapazität:** theoretisch denkbare Aufnahmemöglichkeit durch den Markt, wenn alle Marktteilnehmer ihren Bedarf befriedigen würden.

2.3 Einzelanalysen

Vor allem für eine erstmalig erstellte Situationsanalyse ist es notwendig, die einzelnen Marktteilnehmer getrennt für sich in Einzelanalysen zu betrachten. Damit versteht man die grundlegenden Strukturen des zu betrachtenden Marktes besser. Danach besteht allerdings auch die Pflicht, alle Bereiche zu kombinieren, da die Marktrealität mehrdimensional ist und sich zudem permanent auch noch verändert.

2.3.1 Kunde

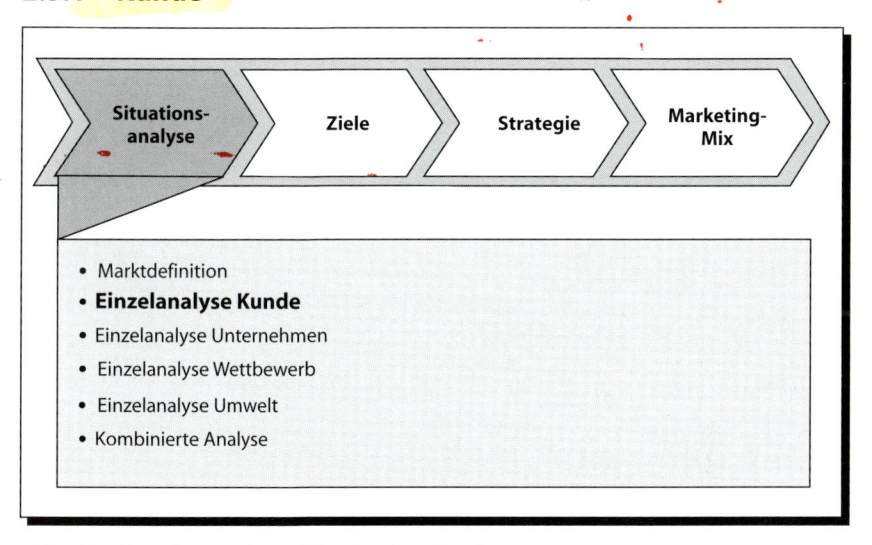

| Situations-analyse | Ziele | Strategie | Marketing-Mix |

- Marktdefinition
- **Einzelanalyse Kunde**
- Einzelanalyse Unternehmen
- Einzelanalyse Wettbewerb
- Einzelanalyse Umwelt
- Kombinierte Analyse

Abb. 17: Situationsanalyse – Einzelanalyse Kunde

Im Zentrum allen Handelns eines marktorientierten Unternehmens steht der Kunde. Somit besteht die Hauptaufgabe der Situationsanalyse in der Erfassung und Aufbereitung aller Informationen, die zum Zeitpunkt der Erstellung über die eigenen und potenziellen Kunden vorliegen.

Situationsanalyse

Abb. 18: Situationsanalyse – Kunde (Seiler 1991, S. 444)

Diese Situationsanalyse des Kunden ist deshalb so spannend und umfangreich, weil besonders das irrationale und emotionale Verhalten des Kunden im Vordergrund steht und erfasst werden muss.

Eine einfache Darstellung der unterschiedlichen Bedürfnisse und damit Wünsche von Menschen stellt die Bedürfnispyramide von Maslow dar. Sie drückt aus, dass der Mensch eine Hierarchie von Bedürfnissen hat. Die nächste Stufe versucht er nur zu erklimmen, wenn die Bedürfnisse der unteren Stufen erfüllt sind.

Einzelanalysen

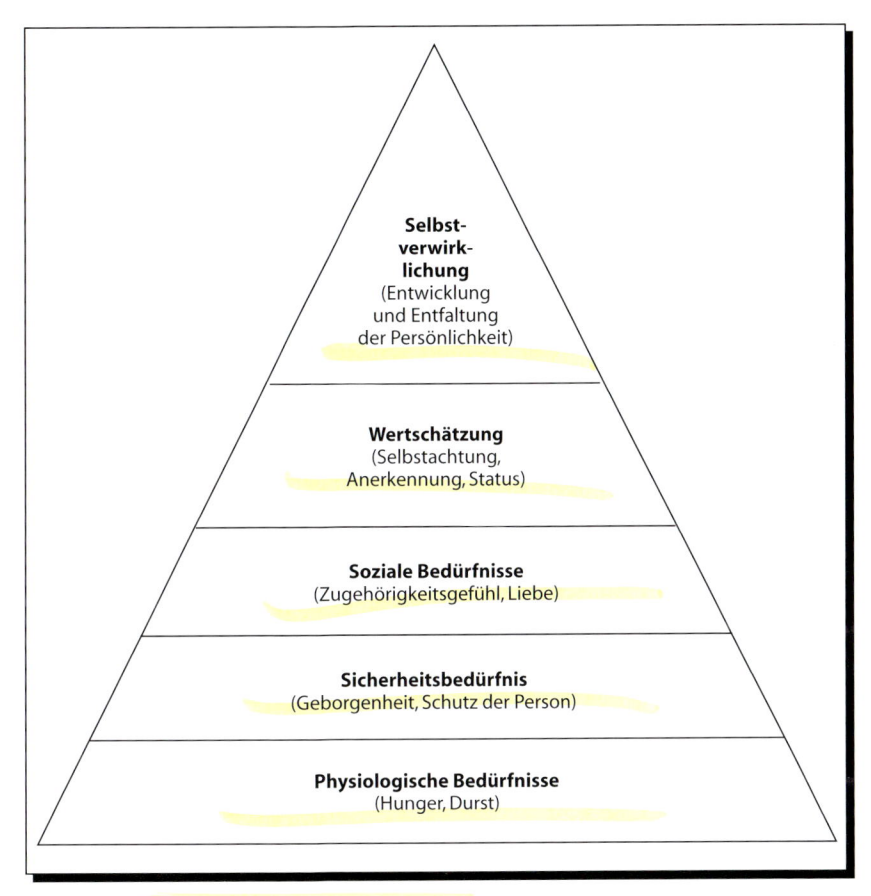

```
                    Selbst-
                   verwirk-
                    lichung
                  (Entwicklung
                  und Entfaltung
                 der Persönlichkeit)

                   Wertschätzung
                   (Selbstachtung,
                Anerkennung, Status)

                 Soziale Bedürfnisse
               (Zugehörigkeitsgefühl, Liebe)

                 Sicherheitsbedürfnis
              (Geborgenheit, Schutz der Person)

               Physiologische Bedürfnisse
                    (Hunger, Durst)
```

Abb. 19: Maslowsche Bedürfnispyramide

Die besten Beispiele für diese Bedürfnispyramide finden sich in der Werbung. Dort findet man Heerscharen von hübschen Frauen, Kindern, Tieren, schönen Landschaften und gemütlichen Treffen von Freunden. Diese sind dabei meist losgelöst von den Produkten und eigentlichen, faktischen Leistungen. Diese befinden sich meistens nicht auf den unteren Ebenen der Bedürfnisbefriedigungsskala. Deshalb versucht die Werbung – erfolgreich –, lieber die unteren Ebenen anzusprechen.

Situationsanalyse

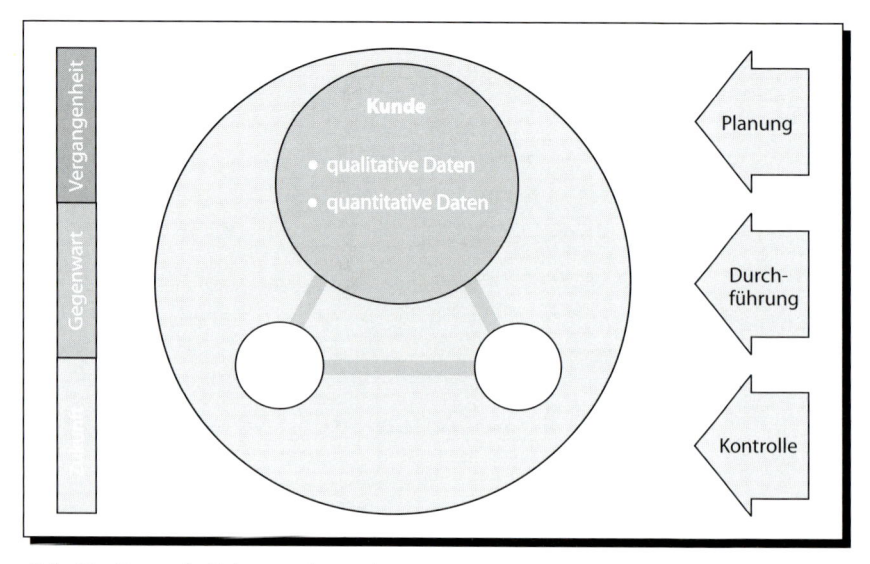

Abb. 20: Bestandteil der Kundenanalyse

Die einfachste Strukturierung der Informationen und Daten der einzelnen Situationsanalysen bezüglich des Kunden besteht in der Unterteilung nach quantitativen und qualitativen Daten. Bezüglich der quantitativen Daten ist die Hauptfrage entsprechend den Aufgaben des Marketing zu beantworten: Wer ist der Kunde? Bezüglich der qualitativen Daten: Was will der Kunde?

Quantitative Informationen über den Kunden können sein:

▸ Anzahl der potenziellen Kunden und der eigenen Kunden: Kundenvolumen, Kundenpotenzial.
▸ Struktur der potenziellen und eigenen Kunden: demografisch, psychografisch, etc. (siehe Kapitel 5.2 Marktsegmentierung).
▸ Prognose der Anzahl und Struktur der potenziellen und eigenen Kunden
▸ Kundenzufriedenheitsstatistik, Customer Satisfaction-Index, (CSI).

Zusätzlich können folgende qualitative Informationen über den Kunden erfasst werden:

▸ Wünsche, Bedürfnisse: rationale und emotionale.
▸ Einstellungen, Motive.
▸ Imagefaktoren.
▸ Markenwahrnehmung (Markenkernanalyse): Wie werden die Marken im Kern vom Kunden gesehen?

Einzelanalysen

▶ Produkterwartungen und Anforderungen: Qualität, Aussehen, Haltbarkeit, Sortiment, Verpackung, Kundendienst.

Im Zentrum der Überlegungen bezüglich des Kunden ist die Fragestellung: Ist unser Kunde zufrieden? Gemessen wird dies durch den Customer Satisfaction-Index (CSI). Wie groß der Bedarf bezüglich der Information über den Kunden ist, zeigt eine Untersuchung bei 800 deutschen Unternehmen aller Branchen:

▶ weniger als ein Viertel der Unternehmen haben zufriedene Kunden,
▶ weniger als die Hälfte der Unternehmen sammeln systematisch Kundeninformationen,
▶ vier von zehn Mitarbeitern wissen nicht, welche Bedeutung ein zufriedener Kunde für ihren eigenen Arbeitsplatz hat.

Die Messung der Kundenzufriedenheit, des CSI, über das Customer Satisfaction Measurement (CSM) ergibt nichts anderes als die Ist-Situation, der Ausgangspunkt für die Verbesserung der Kundenorientierung. Der Endpunkt ist gesetzt durch ein mehr oder minder definiertes Ziel des zufriedenen Kunden.

2.3.2 Unternehmen

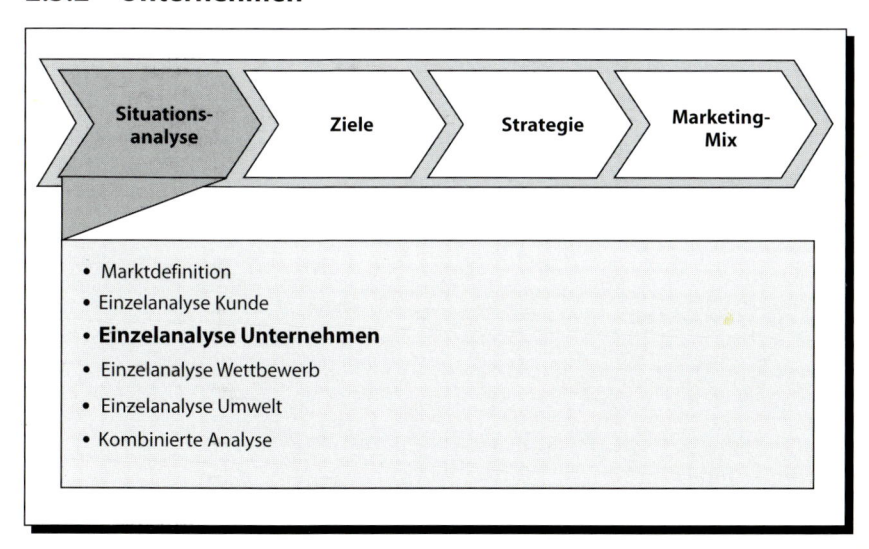

Situationsanalyse ⟩ Ziele ⟩ Strategie ⟩ Marketing-Mix

- Marktdefinition
- Einzelanalyse Kunde
- **Einzelanalyse Unternehmen**
- Einzelanalyse Wettbewerb
- Einzelanalyse Umwelt
- Kombinierte Analyse

Abb. 21: Situationsanalyse – Unternehmen

39

Situationsanalyse

Der zweite Bereich der Situationsanalyse betrifft das eigene Unternehmen, auch **Potenzialanalyse** genannt. Ebenfalls unterteilt nach quantitativen und qualitativen Daten sind die Potenziale im eigenen Unternehmen zu beurteilen. Welche Ressourcen an Kapital, an Personal und Know-how bestehen? Wo sind Lücken? Wo sind Überkapazitäten?

Hinzu kommt eine Beurteilung des augenblicklichen Zielsystems, der augenblicklich gefahrenen Strategien und des augenblicklich eingesetzten Marketing-Mixes. Liegen Daten und Informationen über zukünftige Pläne diesbezüglich vor? Vereinfacht die Frage danach: Wie sorgen wir bisher dafür, dass die Kunden das bekommen, was sie wollen?

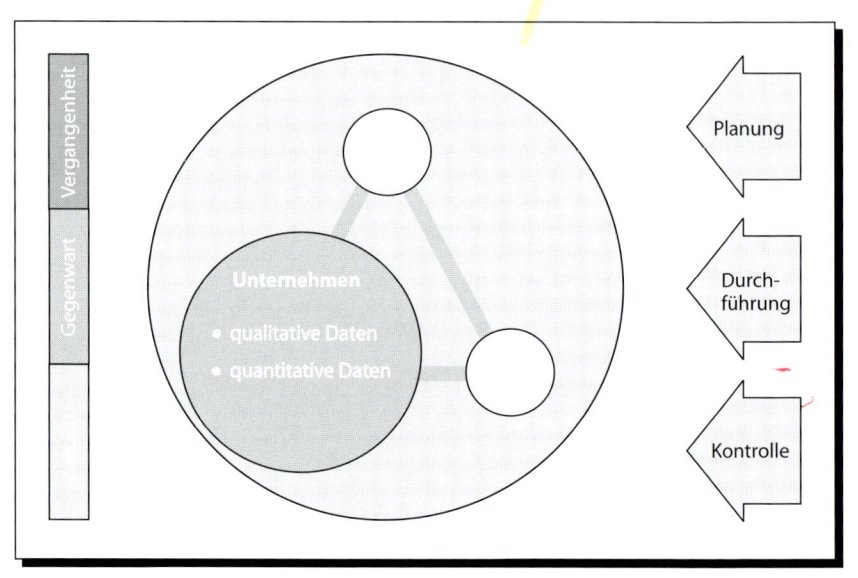

Abb. 22: Bestandteile der Unternehmensanalyse

Typische **quantitative Informationen** sind:

- **Produktionspotenzial:** Kapazitäten, Modernisierungsgrad, Automatisierungsgrad
- **Einkaufsmacht:** Bestellvolumen, Anzahl und Struktur der Zulieferer
- **Personalpotenzial:** Anzahl, Altersstruktur der Mitarbeiter
- **Standort:** A-B-C-Lage, Erweiterungsmöglichkeiten, Infrastruktur des Unternehmens und der Niederlassungen
- **Kostensituation:** Gemeinkosten, Produktionskosten, Marketingkosten
- **Finanzielles Potenzial:** Eigen- und Fremdkapital, Liquidität, Kreditlinien, Investitionen, stille Reserven, Rentabilität

Einzelanalysen

- **Produktivität**: Input-Output-Relation
- **Marktkennziffern**: Absatz, Umsatz, Auftragseingänge, Bestellungen, Lager, Marktanteil

Entsprechend sind als **qualitative Informationsarten** zu nennen:

- **Qualität der Wertschöpfungskette**
- **Infrastruktur**: Anlagen, Ausstattung, Gebäude
- **Gesellschaftsform**: Personal- oder Kapitalgesellschaft, Besitzerstruktur
- **Struktur**: Planung und Organisation
- **Forschungs- und Entwicklungspotenzial**
- **Führungskompetenz**: Führungsstruktur und -stil, Hierarchieform
- **Personalpotenzial**: Qualifikation, Motivation, Engagement, Ausbildung
- **Rechte**: Schutzrechte gegen Nachahmung
- **Zielsystem**: (siehe Kapitel 3: Ziele)
- **Strategien**: (siehe Kapitel 4: Strategie)
- **Marketing-Mix-Instrumente**: (siehe Kapitel 5: Marketing-Mix)

2.3.3 Wettbewerb

Situationsanalyse > Ziele > Strategie > Marketing-Mix

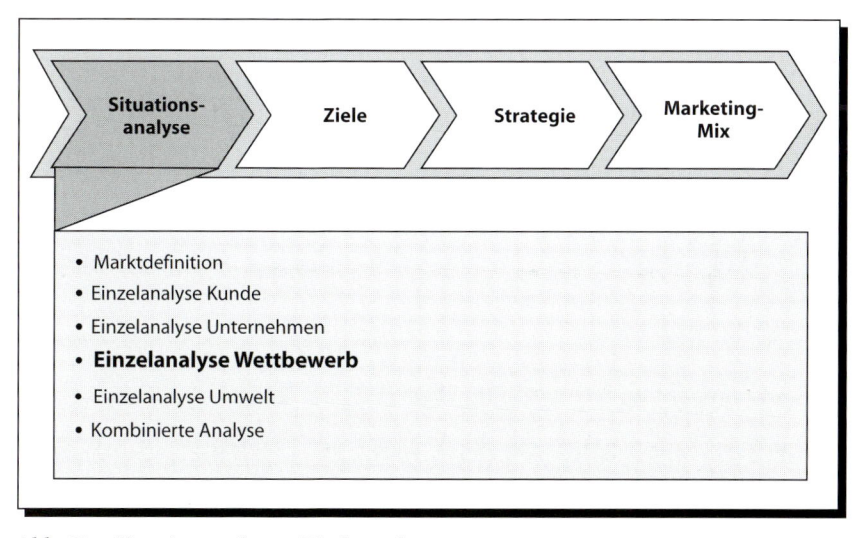

- Marktdefinition
- Einzelanalyse Kunde
- Einzelanalyse Unternehmen
- **Einzelanalyse Wettbewerb**
- Einzelanalyse Umwelt
- Kombinierte Analyse

Abb. 23: Situationsanalyse – Wettbewerb

Alle quantitativen und qualitativen Punkte der Unternehmensanalyse sind ebenfalls für den oder die Hauptwettbewerber durchzuführen. Da es sein kann, dass es in einem Markt Hunderte von Wettbewerbern gibt, ist der oder sind die Hauptwettbewerber für jedes Geschäftsfeld als Erstes zu bestimmen.

Für diesen oder diese Wettbewerber sind alle Informationsressourcen und Daten über dessen Potenziale, Ziele, Strategien und Marketing-Mix-Instrumente zu beurteilen.

Zusätzlich sind folgende quantitativen und qualitativen Informationen zu erheben:

- Branchengröße
- Wettbewerberstruktur
- Marktstellung der Wettbewerber
- Art der Rivalität der Wettbewerber
- Bedrohung durch neue Wettbewerber

2.3.4 Umwelt

Situationsanalyse → Ziele → Strategie → Marketing-Mix

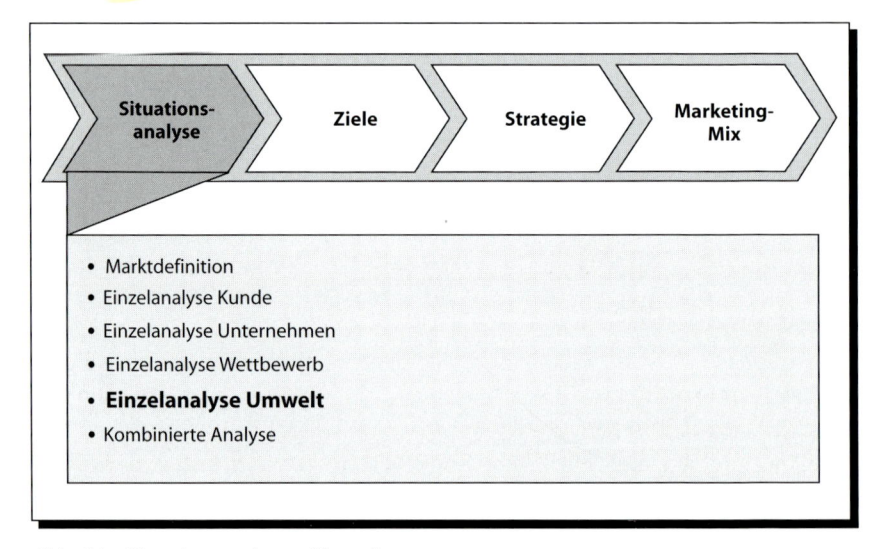

- Marktdefinition
- Einzelanalyse Kunde
- Einzelanalyse Unternehmen
- Einzelanalyse Wettbewerb
- **Einzelanalyse Umwelt**
- Kombinierte Analyse

Abb. 24: Situationsanalyse – Umwelt

Sind Kunde, Unternehmen und Wettbewerb analysiert, bleibt der »Rest« zu beurteilen, der die Marktsituation beeinflusst und bestimmt. Dieser Bereich wird auch **Umwelt** genannt und besteht aus folgenden vier Bereichen:

- **Politisch-rechtliche Rahmenbedingungen**: Welche jetzigen und geplanten Gesetze und Vorschriften sind relevant? Wie sehen die politischen Machtverhältnisse aus und wie verändern sie sich? Was machen die Gewerkschaften?

- **Technologische Rahmenbedingungen**: Welche Veränderungen der Technik beeinflussen die Marktsituation? Welche technologischen Innovationen gibt es?
- **Gesamtwirtschaftliche Rahmenbedingungen**: Wie sehen die globalen, internationalen, nationalen und branchenspezifischen ökonomischen Eckdaten aus? Wie verändern sie sich? Wie stark ist der Einfluss auf die Marktentwicklung?
- **Sozio-kulturelle Rahmenbedingungen**: Wie entwickeln sich gesellschaftliche Trends, die Einstellungen und Werte, die Demografie der Bevölkerung? Wie beeinflussen diese Entwicklungen die Marktsituation heute und morgen?
- **Ökologische Rahmenbedingungen**: Welche natürlichen Ressourcen stehen zur Verfügung? Wie verändern sich diese? Wie wird die Marktsituation davon kurz- und langfristig beeinflusst?

Der letzte Bereich der Situationsanalyse hat in den 90er Jahren an Bedeutung deutlich zugenommen und wird in diesem Jahrtausend noch wichtiger. Die Umweltfaktoren betreffen staatliche, rechtliche, technische, soziale, gesamtwirtschaftliche und ökologische Rahmenbedingungen, die das Wirtschaften und die Entscheidungen der Unternehmen beeinflussen. Vor allem die ökologische Situation bedingt bei den Kunden einen Einstellungswandel und in der Politik national und international einen Drang zu verstärkter staatlicher Regulierung z. B. durch Besteuerung ökologisch ungünstiger Produkte und durch Subventionierung gewünschter Produkte.

In Zeiten von konjunkturellen Rezessionen gibt es grundsätzlich einen Rückgang der Gesamtabsätze. Allerdings gibt es für ein vorausschauendes Unternehmen durchaus die Chance, ein aufgrund des Preis-Leistungsverhältnisses für die Rezessionsphase ideales Produkt anzubieten und somit gegen den Strom schwimmen zu können.

2.4 Kombination einzelner Analysebereiche

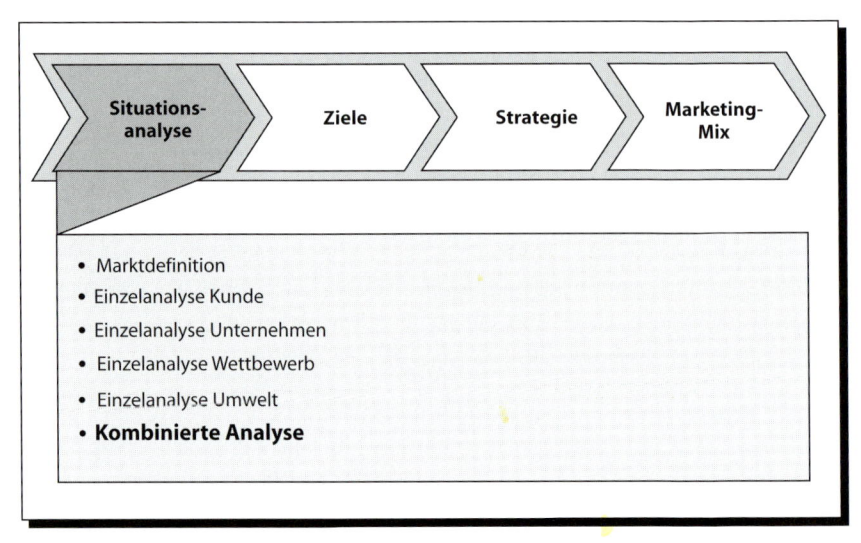

Abb. 25: Situationsanalyse – Kombinierte Analyse

Nachdem bisher versucht wurde, alle Bereiche der Situationsanalyse isoliert zu betrachten, sind von der Marketingwissenschaft mehrere integrative Ansätze entwickelt worden, um die mehrdimensionale Ist-Situation des Unternehmens zu beschreiben und die richtigen Entscheidungen abzuleiten. Es werden dabei einzelne Bereiche der Situationsanalyse kombiniert:

- **Chancen-Risiken-Analyse:** Gegenüberstellung der Chancen, die sich für das Unternehmen ergeben, und der Risiken aus erwarteten Veränderungen in der Umwelt.
- **Erfahrungskurven (Boston Consulting Group):** Analyse der Vergangenheitsaktivitäten, deren Erfahrungen vor allem zu »Economies of Scale« führen. Diese Skaleneffekte bewirken Kostensenkungen und höhere Produktivität.
- **Lücken- bzw. Gap-Analyse (Ansoff):** Klassisches Instrument zur Extrapolation der Vergangenheit in die Zukunft. Analyse der Lücke zwischen den geplanten Zielen und dem Erreichungsgrad. Strukturierung der Lösungsstrategien zum Schließen der Lücke ist die Produkt-Markt-Matrix von Ansoff.

- **PIMS-Studie:** PIMS steht für Profit Impact of Market Strategies. Empirisches Projekt, welches die Determinanten für Rentabilität und Cash Flow auf der Basis von Korrelations- und Regressionsanalysen berechnet.
- **Portfolioanalyse (BCG, McKinsey):** Anhand der Beurteilung der Marktentwicklung und der eigenen Stärke auf dem Markt werden Produkte, Marken oder Geschäftseinheiten in einem zweidimensionalen Chart abgebildet. Anhand der Position in den verschiedenen Feldern dieser Abbildung ergeben sich bestimmte empfehlenswerte Normstrategien.
- **Positionierungsanalyse:** Analyse der Imagefaktoren in den Augen der Kunden der eigenen Produkte gegenüber den Wettbewerberprodukten.
- **Produktlebenszyklusanalyse:** Unter der Voraussetzung des Werdens und Vergehens von Produkten von der Markteinführung bis zum Marktaustritt werden verschiedene Phasen bestimmt, die eine bestimmte Ausrichtung vor allem der Preis- und Kommunikationspolitik bedingen.
- **Stärken-Schwächen-Profil:** Vergleich des eigenen Unternehmens mit den wichtigsten Wettbewerbern anhand zentraler wirtschaftlicher und marktrelevanter Kriterien.
- **SWOT-Analyse:** (Strenghts Weaknesses Opportunities Threats): Sie kombiniert die Stärken-Schwächen-Analyse mit der Chancen-Risiken-Analyse. Aus diesen vier Bereichen ergeben sich vier Felder, denen Normstrategien zugeordnet werden können.
- **Wertkettenanalyse (Porter):** Nicht operationalisiertes Denkschema zur Identifikation von Wettbewerbsvorteilen durch eine ganzheitliche kompetitive Analyse aller Aktivitäten eines Unternehmens im Vergleich zum Wettbewerb.

Innerhalb dieses Lehrbuches wollen wir als typische Vertreter und auch die mit der größten Marktbedeutung die Stärken-Schwächen-Analyse, die Chancen-Risiken-Analyse, die SWOT-Analyse, die Portfoliomethode der Boston-Consulting-Group, die Positionierungsanalyse und das Produktlebenszykluskonzept darstellen.

Situationsanalyse

2.4.1 Unternehmen und Wettbewerb: Stärken-Schwächen-Analyse

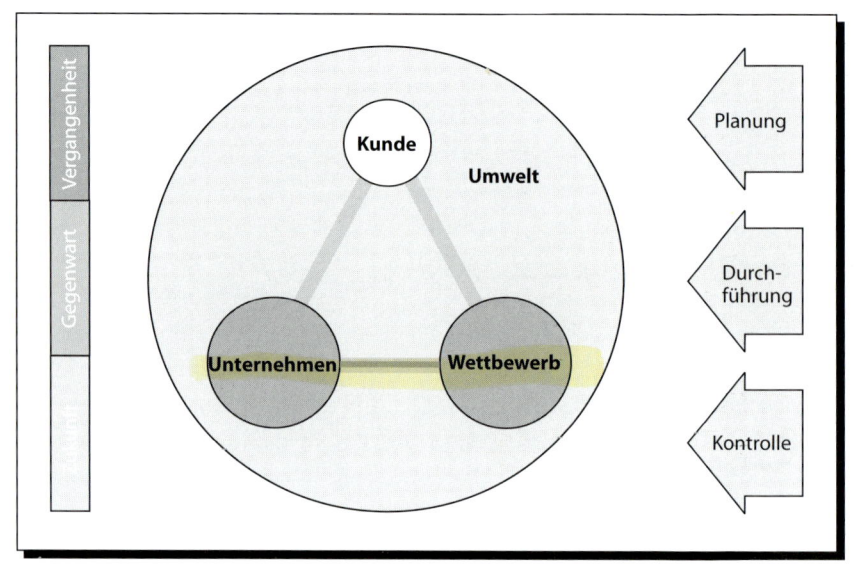

Abb. 26: Kombination Unternehmen mit Wettbewerb

Das Verfahren der Stärken- und Schwächen-Analyse stellt verschiedene Werte der Einzelanalyse bezüglich Unternehmen und Wettbewerb gegenüber und bewertet anhand von Skalen die Stärken und Schwächen des eigenen Unternehmens gegenüber dem Hauptwettbewerber oder den Hauptwettbewerbern.

Die zentrale Kennziffer des Unternehmensvergleiches mit dem Wettbewerb stellt der Marktanteil dar. Diese gibt sehr einfach die Wettbewerbsstärke des eigenen Unternehmens auf einem Markt wieder.

Kombination einzelner Analysebereiche

Potenziale	Beurteilung
	schwach indifferent stark
Unternehmensführung • Unternehmenskultur und -philosophie • Ziele und erkennbare Strategien • System der Mitarbeiter-Motivation • …	
Produktion • Fertigungstechnische Ausstattung • Elastizität der Produktionsanlagen • Qualität der Fertigungsplanung/-steuerung • …	
Forschung und Entwicklung • Intensität und Wirksamkeit der F&E • Know-how • Einführung neuer Kommunikationstechnologien • …	
Marketing • Organisation des Vertriebs • Standort der Vertriebsniederlassung • Stellung der Produkte im Lebenszyklus • …	
Personal • Altersstruktur der Belegschaft • Ausbildungsstand • Qualifikation / Motivation der Führungskräfte • …	
Finanzen • Eigenkapitalausstattung • Finanzieller Überschuss • Möglichkeiten der Fremdfinanzierung • …	

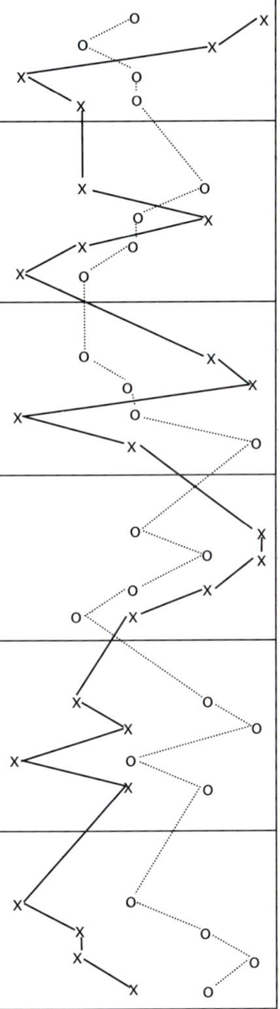

Abb. 27: Bestandteile der Stärken-Schwächen-Analyse

Situationsanalyse

2.4.2 Kunde und Umwelt: Chancen-Risiken-Analyse

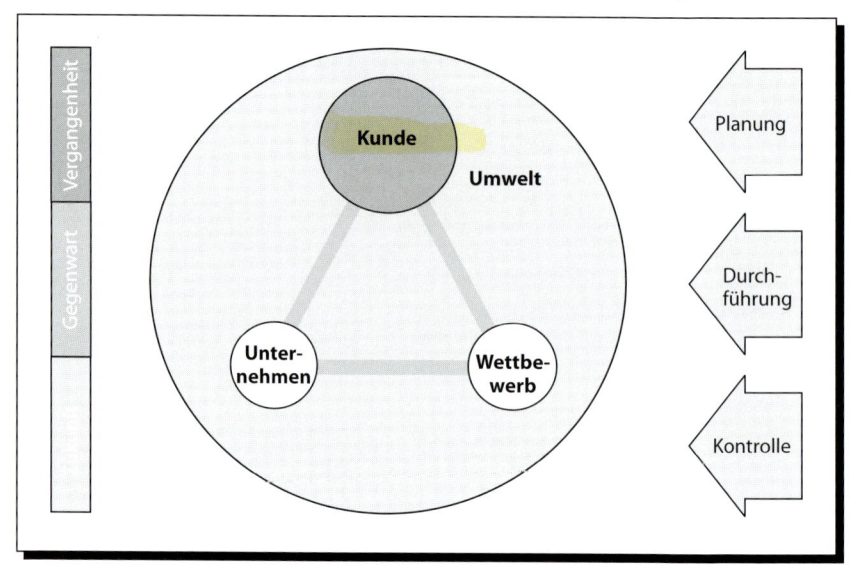

Abb. 28: Kombination Kunde mit Umwelt

Die integrative Analyse der Kunden und der Umwelt wird Chancen-Risiken-Analyse genannt. Dabei wird für die bestehenden Märkte und Kunden die Chancen und Risiken in der zukünftigen Entwicklung gegenübergestellt.

Kombination einzelner Analysebereiche

Wichtige Deskriptoren	Beurteilung
	eher negativ eher positiv
Physische Komponente • Verfügbarkeit von Energie und Rohstoffen • Umweltbelastung, klimatische Faktoren • Infrastruktur • …	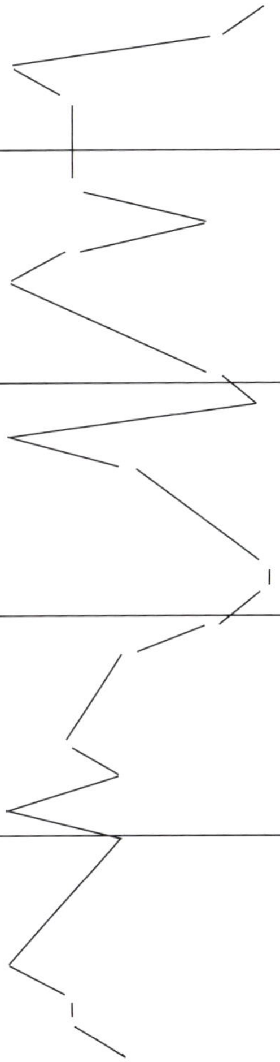
Technologische Komponente • Produktionstechnologie • Produktinnovation • Verfahrensinnovation • Substitutionstechnologie • Recycling-Technologie • …	
Ökonomische Komponente • Entwicklungstendenzen des Volkseinkommens • Höhe des Realzinssatzes • Konjunktur • Investitionsneigung • …	
Sozio-kulturelle Komponente • Geburtenrate und Bevölkerungsstruktur • Arbeitsmentalität • Freizeitverhalten • Sparneigung • Umweltbewusstsein • …	
Politisch-rechtliche Komponente • Gewerkschaften • Sozialgesetzgebung • Arbeitsrecht • Parteipolitische Entwicklung • Investitionsanreize • Tarifäre und nichttarifäre Handelshemmnisse • …	

Abb. 29: Bestandteile der Chancen-Risiken-Analyse

Situationsanalyse

2.4.3 Kunde, Unternehmen und Wettbewerb: Positionierungsanalyse

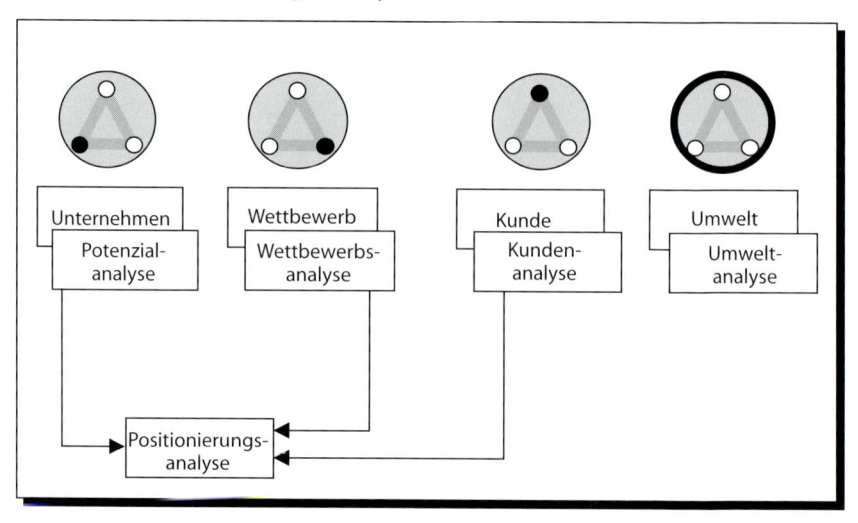

Abb. 30: Zusammensetzung der Positionierungsanalyse

Eines der einfachsten Möglichkeiten, komplizierte Situationen darzustellen, zu analysieren, Ziele zu bestimmen, Strategien und Marketing-Mix-Instrumente zu bestimmen, ist die Positionierungsanalyse. Diese geht davon aus, dass Kunden sich ein bestimmtes Image von den Produkten und Marken machen. Nach unterschiedlichen Imagedimensionen bildet sich im Unterbewusstsein der Kunden ein individuelles Bild von der Marke des Unternehmens. Grundsätzliches Ziel des Unternehmens ist es dabei, dass sich dieses individuelle Bild deutlich von dem Bild der Wettbewerber unterscheidet und sich dieses »reale« Bild mit dem Ideal vom Kunden gewünschten Bild übereinstimmt. Da dieses Bild aus vielen unterschiedlichen Eigenschafts- und Einstellungsmerkmalen zusammengesetzt ist, macht eine optische Darstellung mehrdimensional keinen Sinn. Deshalb versucht die Positionierungsanalyse diese Mehrdimensionalität zweidimensional in einem Schaubild anhand der beiden wichtigsten, mehrdimensional zusammengesetzten Eigenschaftsdimensionen darzustellen und die Positionen zu analysieren und zu interpretieren.

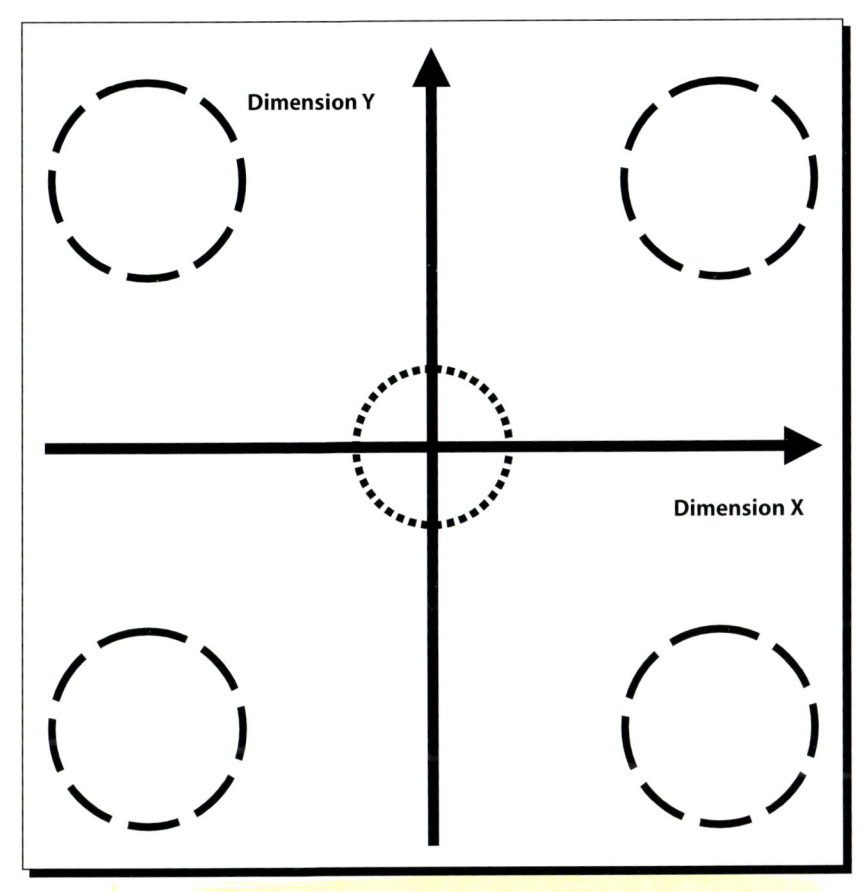

Abb. 31: Produktpositionierung nach den zwei (Einstellungs-)Dimensionen

Die Positionierungsanalyse läuft innerhalb der Situationsanalyse in folgenden Schritten ab:

1. Erhebung der Einstellungen und Sichtweisen der Kunden für ein Produkt oder eine Marke im Vergleich zu den Wettbewerbsprodukten oder -marken.
2. Multivariate Analyse z. B. mit Hilfe der Multidimensionalen Skalierung (MDS) mit Ermittlung der zwei wichtigsten multidimensionalen Eigenschaftsdimensionen X und Y.
3. Darstellung der Position aller untersuchten Produkte oder Marken innerhalb der Darstellung der beiden ermittelten (Eigenschafts-)Dimensionen A und B aus Abzisse und Ordinate.

Situationsanalyse

4. Bestimmung der Position des eigenen Unternehmens in Hinblick auf die Ausprägungen der Dimensionen, der Abstände und relativen Position zu den Hauptwettbewerbern und auf die Lage und Abstände zu dem Kundenideal.

Zu unterscheiden ist bei der Positionierungsanalyse zwischen der Feststellung und der Bewertung der Position. Bezüglich der Feststellung der Position der Eigenschafts-Dimensionen X und Y sind folgende Aussagen möglich:

Nachfolgend wird die Produktpositionierung anhand von drei Teilanalysen verdeutlicht.

Die Herausforderung der Positionierungsanalyse besteht nun darin, alle drei Teilanalysen bewertend zu verbinden. Für eine abschließende Betrachtung sind vor allem Annahmen über die zukünftige Entwicklung der Positionen der Wettbewerber und der Ideale zu treffen.

- Beide Ausprägungen weisen den Wert Null auf, so dass die Position der eigenen Marke direkt im Fadenkreuz liegt.
- Die Ausprägungen liegen weit ab in einer der vier Ecken der Grafik.

Diese Positionen lassen folgende Bewertungen zu:

- Ein Nullwert bedeutet, dass in den Augen der Kunden die Marke für diese Eigenschaftsdimension keine klare Ausprägung hat. Es ist somit indifferent.
- Die Kombination im Fadenkreuz oder in dessen Nähe bedeutet, dass die Marke in den Augen der Kunden nach den beiden wichtigsten Eigenschaftsdimensionen überhaupt kein klares Bild aufweist. Und somit das Produkt für den Markt unklar und nicht eindeutig ist.
- Positionen in den vier Extremen bieten die besten eindeutigen Bilder der Produkte in den Augen der Kunden und sind nach dieser Teilanalyse die besten Positionen.

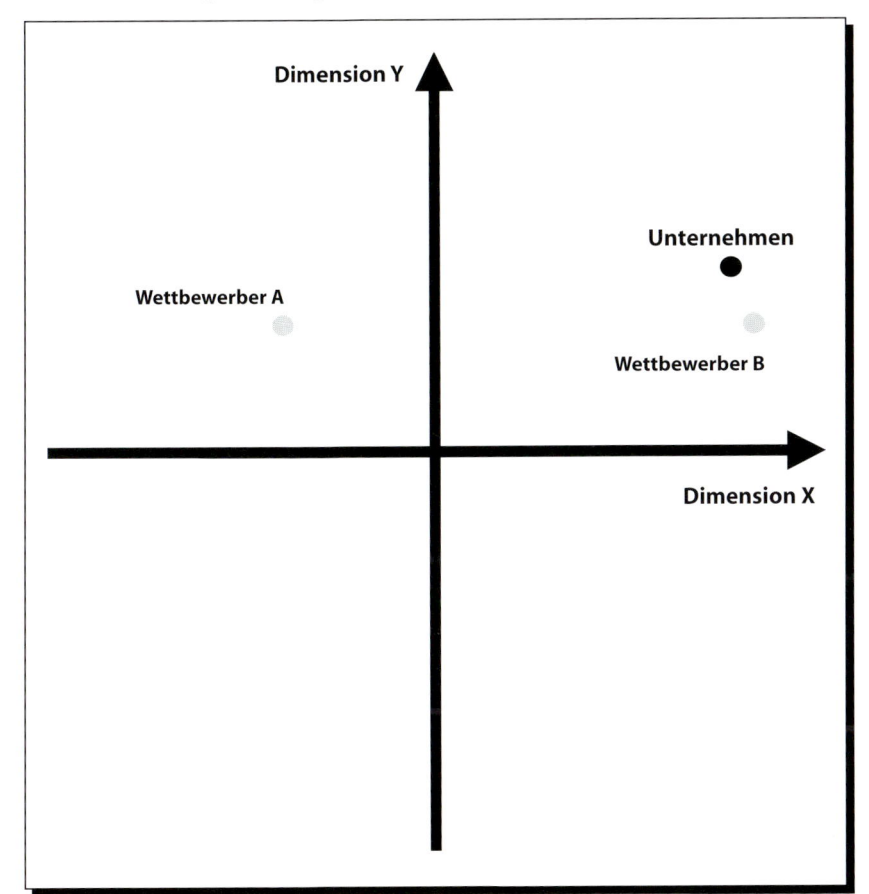

Positionierung im Vergleich zu den Wettbewerbern

Abb. 32: Produktpositionierung nach der Lage zu den Hauptwettbewerbern

Bezüglich der Teilanalyse im Wettbewerbsumfeld lassen sich folgende Positionierungen feststellen:

- Die eigene Position ist auf einer oder beiden Eigenschaftsdimensionen im Vergleich zu dem oder den Hauptwettbewerbern deutlich unterschiedlich ausgeprägt.
- Ein oder mehrere Wettbewerber nehmen eine ähnliche Position wie die eigene Marke ein.

Diese Positionen lassen folgende Bewertungen zu:

- Deutliche unterschiedliche Positionen im Vergleich zum Wettbewerber bedeuten, dass die Marken in den Augen deutliche Unterschiede aufweisen und somit keine Verwechslungsgefahr besteht.
- Ähnliche Positionen bedeuten, dass die Kunden die Produkte verwechseln und somit z. B. in der Kaufsituation das Wettbewerbsprodukt kaufen, obwohl in der Werbung die Marke des Unternehmens beworben wurde.

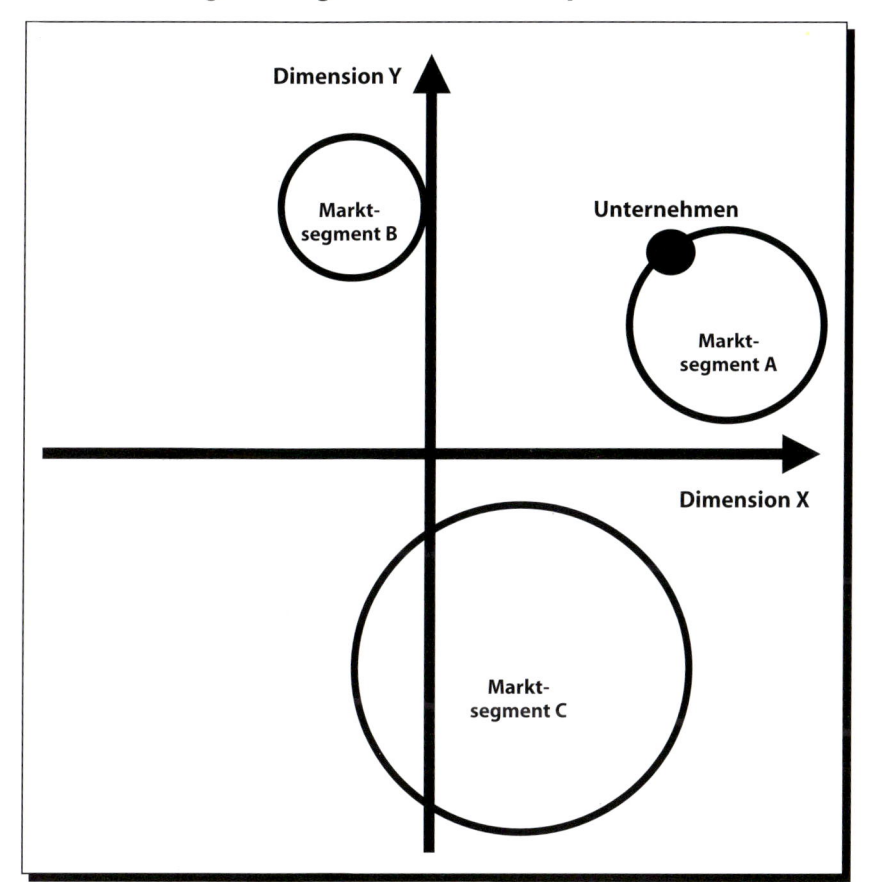

Positionierung im Vergleich zu den Idealpositionen

Abb. 33: Produktpositionierung nach den Lage der Idealpositionen

Die wichtigste Teilanalyse besteht in Hinsicht auf der Position der Kundenwünsche, der Idealposition:

- Ist die Position der eigenen Marke vom Kundenwunsch bestimmter Marktsegmente entfernt, dargestellt als Idealposition oder als Bereich der Idealposition eines Kunden-Marktsegmentes?
- Gibt es Schnittmengen oder Näherungen zu den Ideal-Positionen oder Ideal-Bereichen der Marktsegmente?

2.5 Kombination aller Analysebereiche

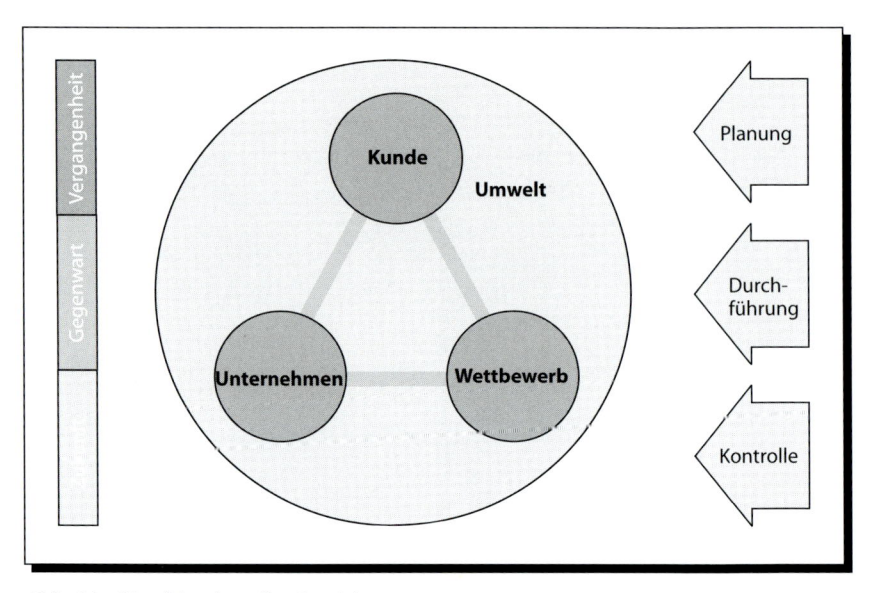

Abb. 34: Kombination aller Bereiche

Besonders im strategischen Marketing haben sich geschlossene Ansätze für die Entwicklung eines normativen Systems von der Situation bis zum Instrument gebildet. In diesen Modellen ist von der Situationsanalyse beginnend alles durchdacht und vorgegeben. Für die hier betrachteten Methoden SWOT-Analyse, Portfolio und Produktlebenszyklus werden kurz die Grundideen der Modelle und die Vorgaben für die Datenerhebung und Datenanalyse dargestellt. In den weiteren Phasen des Marketingzyklusses wird daran angeknüpft.

Kombination aller Analysebereiche

2.5.1 SWOT-Analyse

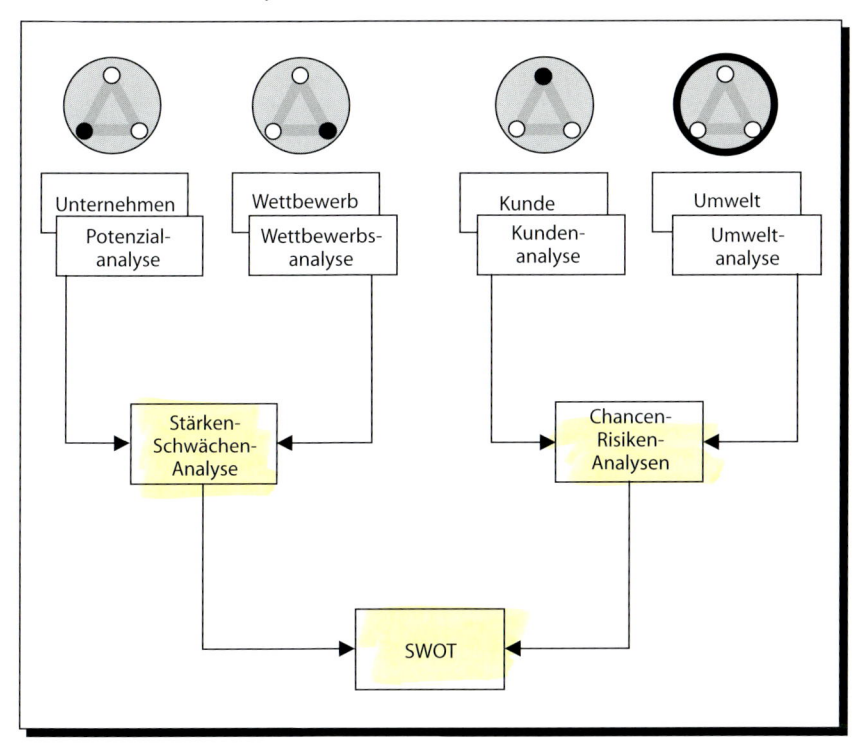

Abb. 35: Zusammensetzung der SWOT-Analyse

Die SWOT-Analyse (**S**trength, **W**eaknesses, **O**pportunities, **T**hreats) kombiniert die Ergebnisse der Stärken-Schwächen-Analyse mit den Ergebnissen der Chancen-Risiken-Analyse.

Situationsanalyse

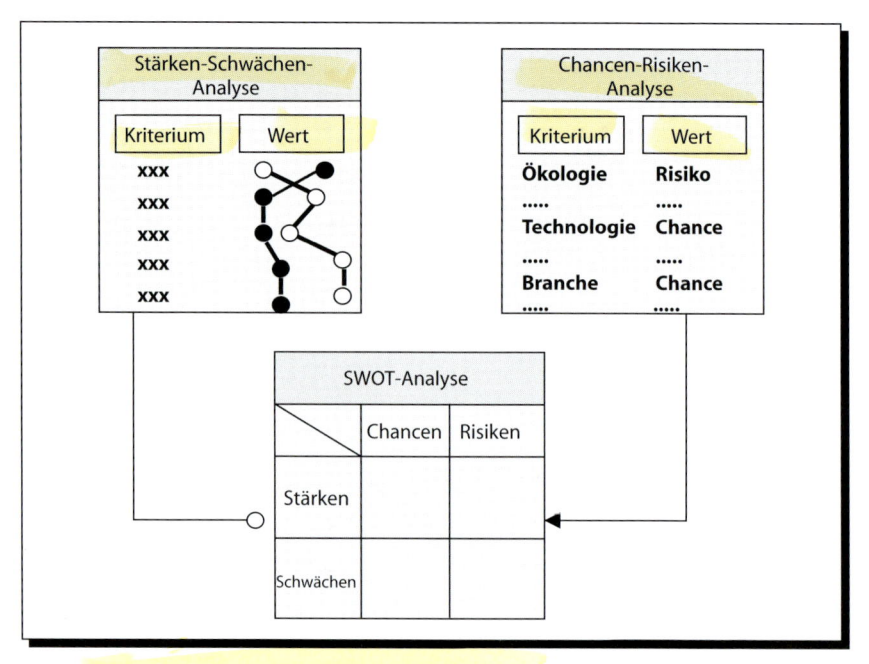

Abb. 36: Funktionsweise der SWOT-Analyse

Aus allen vier Bereichen der SWOT-Analyse ergibt sich eine Vierfelder-Grafik. Die Stärken und Schwächen des Unternehmens werden jetzt den Chancen und Risiken aus der Markt- und Umweltanalyse gegenübergestellt. Schließlich werden einzelne Marken, Produkte, Produktfelder oder Strategische Geschäftsfelder einem der vier Quadranten zugeordnet.

2.5.2 Portfolioanalyse

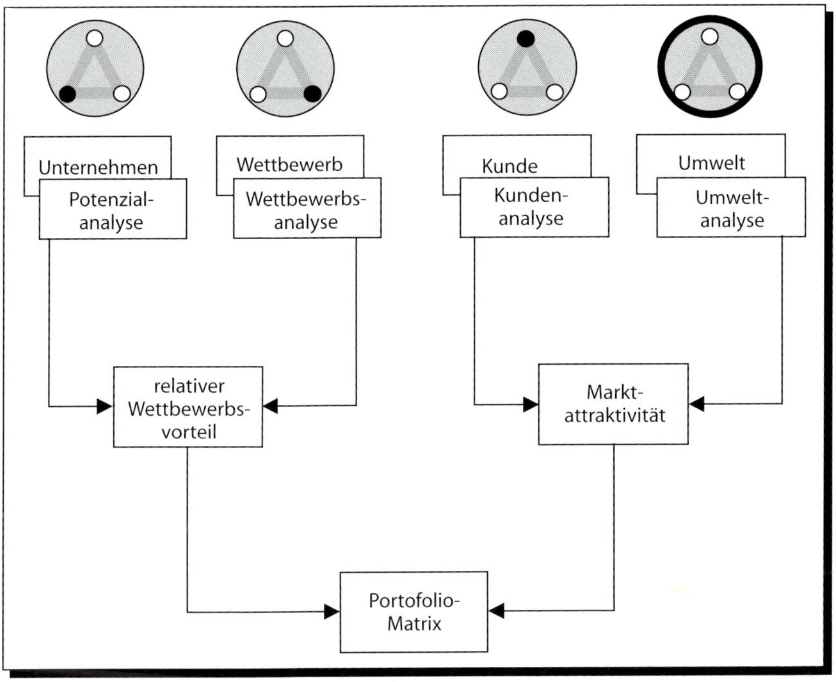

Abb. 37: Zusammensetzung der Portfolio-Methode (BCG-Schema)

Die bekanntesten Modelle zur vollständigen normativen Marketingkonzeptentwicklung sind die Portfoliomethoden der Unternehmensberatungen Boston Consulting Group (BCG) (Hedley 1977, S. 10; Day 1977, S. 34) mit ihrer Vierfeldermatrix und von McKinsey mit der Neunfeldermatrix. Diese Systeme waren in den 70er und 80er Jahren Bestandteil fast jeder strategischen Beratung. Die Grundüberlegung ist bei beiden Systemen identisch. Die Daten der Situationsanalyse werden für die strategischen Geschäftsfelder des Unternehmens auf zwei Dimensionen komprimiert und die Ergebnisse in einem zweidimensionalen Koordinatensystem operationalisiert. Dabei gibt die erste Dimension die Wettbewerbsstärke wieder und die zweite die Marktentwicklung.

Die Grundidee der Portfoliomodelle geht von einem idealen Mix (Portfolio) der Geschäftsfelder aus. In den einzelnen Segmenten des Ergebnisschaubildes ergeben sich feste, vordefinierte Verhaltensmaßnahmen, die Normstrategien. Die Modelle unterscheiden sich in der Art der Berechnung innerhalb der kombinierten Situationsanalyse und in der Festlegung unterschiedlicher Flächen und Segmente in der Matrix und somit auch unterschiedlicher Anzahl von Normstrategien.

Situationsanalyse

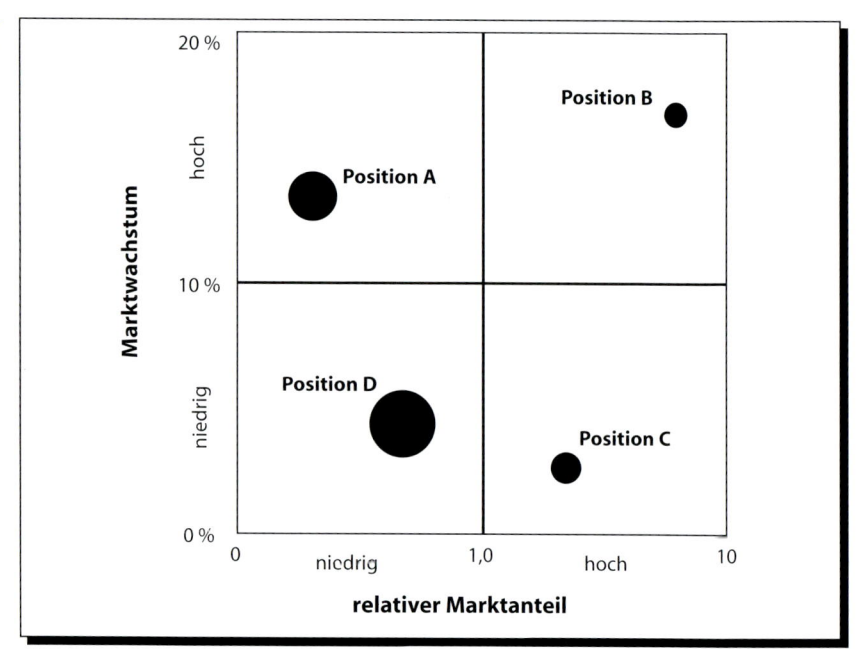

Abb. 38: Ergebnisdiagramm des BCG-Portfolios

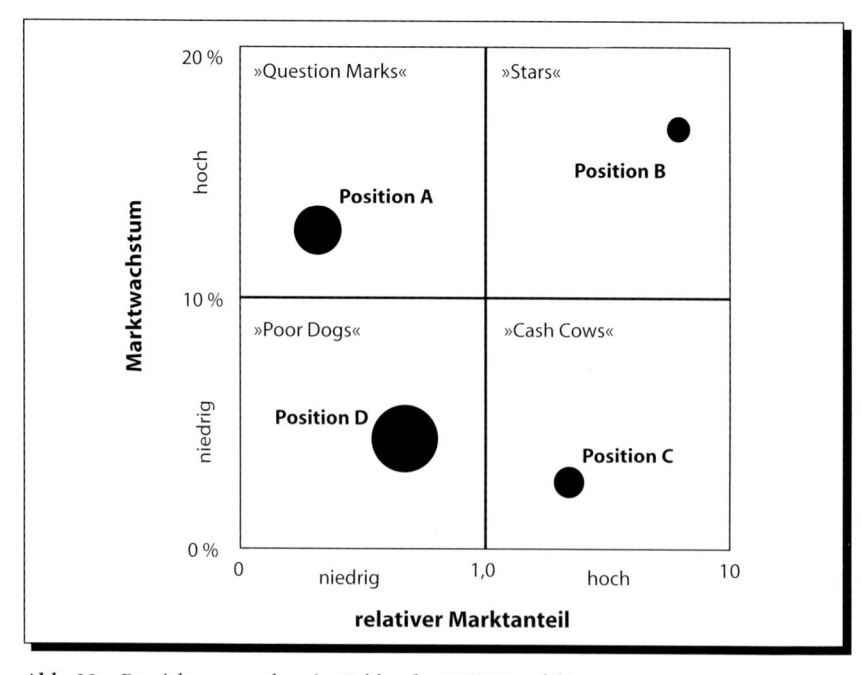

Abb. 39: Bezeichnungen der vier Felder des BCG-Portfolios

Im Folgenden werden wir uns die Vierfelderportfoliomethode der BCG anschauen, die aufgrund der beiden ermittelten Dimensionen auch Marktanteils-Marktwachstums-Portfolio genannt wird. Für jedes Geschäftsfeld werden beide Dimensionen berechnet und als Position in die vier Quadranten des Portfolio-Ergebnisdiagramms eingetragen. Dabei zeigt der Umfang des Kreises die Umsatzstärke dieses Geschäftsfeldes im Vergleich zu den anderen Geschäftsfeldern an. Die beiden Dimensionen werden über den Umsatz folgend berechnet:

- **Relativer Marktanteil**: Verhältnis des Marktanteils des eigenen Geschäftsfeldes im Verhältnis zum Marktanteil des nächst größeren Wettbewerbers. Als Abgrenzung zwischen den Quadranten wird ein Wert von 1,0 genommen, also bei gleichem Marktanteil zwischen Unternehmen und nächstgrößtem Wettbewerber.
- **Marktwachstum**: Jährliches Umsatzwachstum des betroffenen Marktsegmentes. Für die Abgrenzung der Felder wird ein Wert von 10 % angenommen.

Das BCG-Portfoliomodell beschreibt und bewertet die vier Felder folgendermaßen (vgl. Abb. 39):

- **Question Marks** (»Fragezeichen«): Unklare Position. Ein großes Marktwachstum trifft auf einen nur geringen Marktanteil. Meist Situation in der Einführungsphase. Es bleibt fraglich, ob sich das Produkt zu einem Star entwickelt, oder als Flop direkt in das »Poor Dog«-Feld wandert.
- **Stars** (»Sterne«, »Hits«): Ideale Situation. Die eigenen Produkte oder Geschäftsfelder treffen auf Marktwachstum. Beste Situation für die eigenen Geschäftsfelder.
- **Cash Cows** (»Melkkühe«, »Milchkühe«, »Cash-Kühe«): Hoher Marktanteil und hohe Marktbedeutung der eigenen Geschäftsfelder trifft auf geringeres Marktwachstum. Die Bezeichnung Cash Cow bezeichnet schon die zu fahrende Strategie: Diese Kuh muss gemolken werden. Angenehme Position für die eigenen Geschäftsfelder.
- **Poor Dogs** (»Arme Hunde«): Die ungünstigste Situation für ein Unternehmen, schlechte Marktentwicklung und geringer relativer Marktanteil der eigenen Geschäftsfelder.

Die Portfoliomethode beschränkt sich nicht darauf, für ein einzelnes Geschäftsfeld in seiner Situation eine Bewertung und daraus eine Entwicklung der Normstrategien vorzunehmen. Vielmehr geht es hierbei um eine gesunde Mischung über alle Portfoliofelder. Somit lassen sich weitere ungünstige Situationen beschreiben:

Situationsanalyse

- **Kein Geschäftsfeld im Question Mark-Feld**: Für die Zukunft fehlt damit sicher ein potenzieller Star.
- **Alle Geschäftsfelder im Question Mark-Feld**: Es werden keine Gewinne erzielt und somit droht ein Konkurs.
- **Kein Geschäftsfeld im Stars-Feld**: Für die Zukunft bei rückgängigen Märkten keine Cash Cow vorhanden.
- **Kein Geschäftsfeld im Cash Cow-Feld**: In Abhängigkeit von Geschäftsfeldern im Stars-Feld gering oder hoch bedrohlich, da ein Gewinnbringer fehlt.
- **Alle Geschäftsfelder im Cash Cow-Feld**: Augenblicklich günstige Situation, allerdings langfristig bei weiterem Marktrückgang oder Abwanderungen in das Poor Dogs-Feld drohen große Risiken.
- **Alle Geschäftsfelder im Poor Dogs-Feld**: Konkursrisiko wegen geringem Marktanteil.

Vereinfacht ausgedrückt entsprechen die vier Felder den vier wesentlichen Phasen des Produktlebenszyklusmodells. Ein Produkt steigt mit einem niedrigen Marktanteil in einen wachsenden Markt ein, der Marktanteil steigt und steigt, das Marktwachstum lässt irgendwann nach und schließlich sinkt auch der eigene Marktanteil wegen Überalterung des Produktes. Auch hier gilt: Ein ideales Portfolio hat einen Mix der Geschäftsfelder über alle vier Felder des Diagramms.

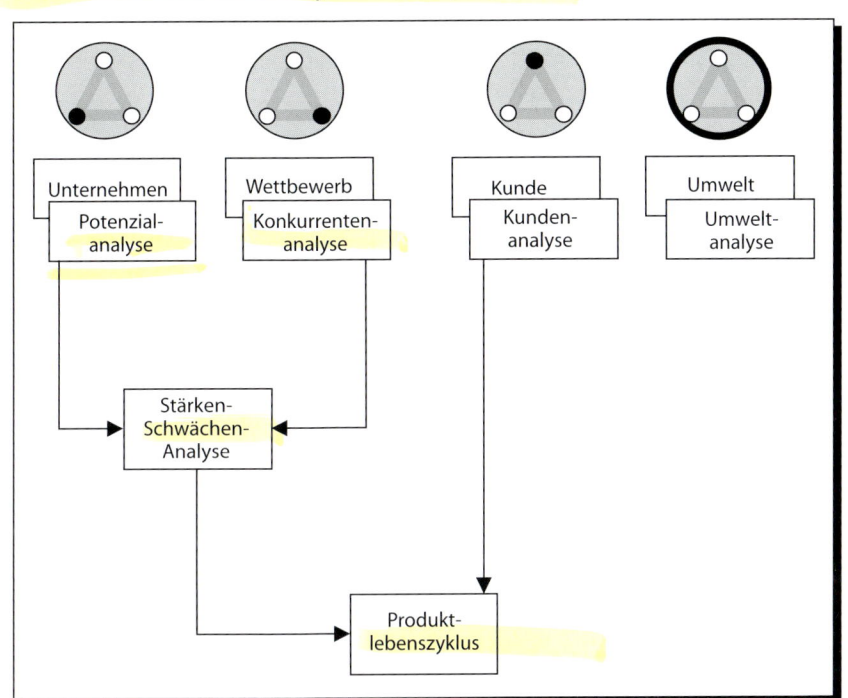

2.5.3 Produktlebenszyklus (PLZ)

Abb. 40: Zusammensetzung des Produktlebenszyklusmodelles

Das Produktlebenszyklusmodell (PLZ) verbindet schwerpunktmäßig die produkt-, marken- und umsatzorientierten Kennziffern bezüglich eigenem Unternehmen, Wettbewerb und Kundenverhalten.

Allen Lebenszyklusmodellen liegt die Erkenntniss zugrunde, dass Lebewesen dem »Gesetz des Werdens und Vergehens« unterliegen. Das Modell des Produktlebenszyklusses (PLZ) vermutet dies auch für Produkte. Demnach hat jedes Produkt grundsätzlich eine begrenzte Lebensdauer. Zunächst steigende Umsätze werden abgelöst von sinkenden Umsätzen. Lebenszyklusmodelle werden grundsätzlich in verschiedene Phasen im Zeitablauf eingeteilt. Bezüglich dem PLZ haben sich vier- und fünfphasige Modelle durchgesetzt, die einen ertragsgesetzlichen (S-förmigen) Kurvenverlauf verschiedener Kennzahlen im Zeitablauf unterteilen.

Situationsanalyse

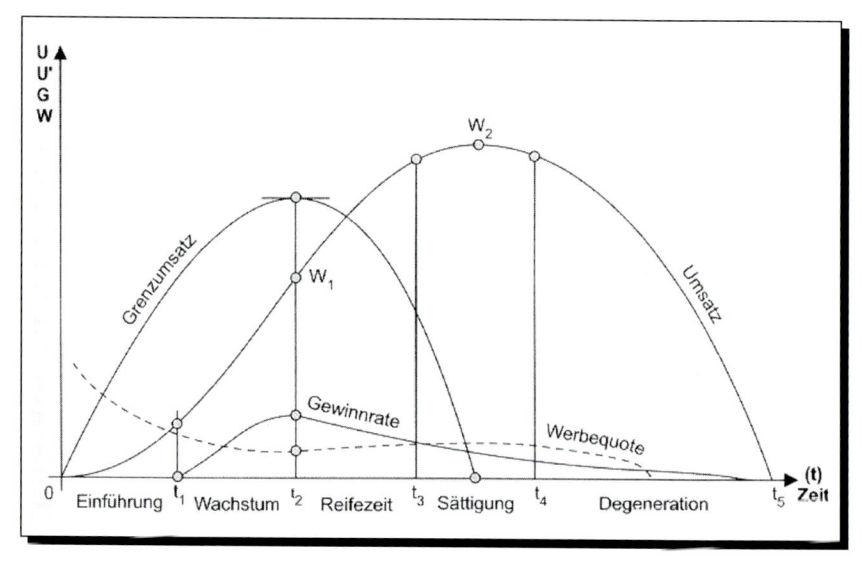

Abb. 41: Idealtypischer Verlauf des Produktlebenszyklusmodelles (Meffert 1998, S. 329)

Folgende Phasen des Produktlebenszyklusses mit typischen Kennzeichen werden unterschieden:

- **Einführung**: erste geringe Umsätze, höchste Marktinvestitionen, Verluste bis zum Erreichen der Gewinnschwelle
- **Wachstum**: nach Erreichen der Gewinnschwelle sehr starke Wachstumsraten, überproportionale Umsatzsteigerungen, gute Gewinnsituation, Marktexpansion bis zum Erreichen des Wendepunktes der Umsatzkurve
- **Reife**: nach dem Wendepunkt weite Marktausdehnung, geringer werdende und unterproportionale Umsatzsteigerungen bis zur Umsatzstagnation
- **Sättigung**: stagnierende Umsätze und geringe Umsatzrückgänge, negative Grenzumsätze bis zum Erreichen eines negativen Wendepunktes
- **Rückgang** (Degeneration): starke Umsatzrückgänge und geringe Marktbedeutung.

Einige Autoren fassen die Reife- und Sättigungsphasen zu einer Phase zusammen (z. B.: Kotler/Bliemel 1992, S. 541, als Reifephase).

Die Situationsanalyse hat nun die Aufgabe, für die eigenen Produkte oder Marken die jeweilige Position im Phasenmodell zu ermitteln. Somit steht im Zentrum der Überlegungen die Frage, wie die Phasen genau voneinander abgegrenzt sind? Da es keine genaue Gesetzmäßigkeit und mathematische Formel gibt, sind hierfür Erfahrungswerte aus der jeweiligen Branche, dem jeweiligen Kundenverhalten und der erwarteten Lebensdauer eines Produktes zu erwarten. Als quantitativer Wert steht der Umsatz, Grenzumsatz und Gewinn zur Verfügung:

Phasenwechsel:
- **Einführung zu Wachstum:** Gewinnschwelle wird erreicht
- **Wachstum zu Reife:** Grenzumsatz auf Maximalwert, Wendepunkt der Umsätze von steigenden Zuwächsen auf fallende Zuwächse
- **Reife zu Sättigung:** Grenzumsatz wieder Null, Umsatz auf Maximum, Umsatzwachstum gleich Null
- **Sättigung zu Rückgang:** Wendepunkt von stark fallenden Umsatzrückgängen zu schwach fallenden Umsatzrückgängen

Da allein über die Umsatzkennzahlen eine Phasenzuordnung nicht möglich ist, sind weitere – in Abb. 42 beschriebene Merkmale – bei dieser Zuordnung hilfreich.

Bereiche	Einführung	Wachstum	Reife/Sättigung	Rückgang
Kunde	Versuchskäufer; Early-Adopters;	Wiederholungskäufer; neue Käufer	Kundenbindung	immer weniger; nachlassendes Interesse am Produkt
Unternehmen	Investitionen; Abstimmung Produktion und Absatz	hohe Produktionsauslastung; Investitionen	wenige Investitionen; gute Profitlage	Budget reduzieren
Wettbewerb	Aufbau Distribution	neue Wettbewerber	starke Wettbewerber	Marktaustritte
Umwelt	–	–	–	–

Abb. 42: Phasen-Merkmale

3 Ziele

»Wer das Ziel nicht kennt, wird den Weg nicht finden!«
(Christian Morgenstern)

- Zielsystem
- Zielebestimmung

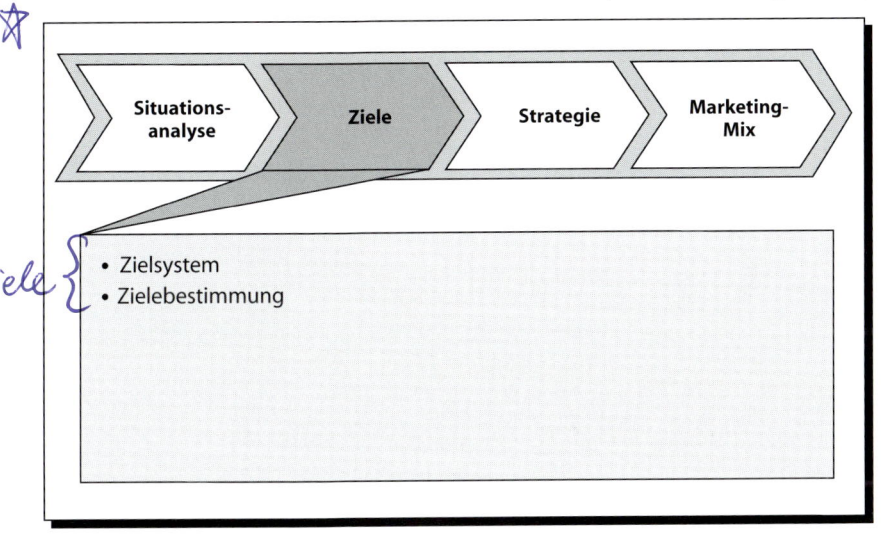

Abb. 44: Ziele – Übersicht

3.1 Einstieg

Man kann nur ein Ziel erreichen, wenn man eines hat. Ist die Ausgangssituation des Unternehmens, das Ist, bestimmt, folgt als weiterer Schritt der prozessorientierten Entwicklung eines Marketingkonzeptes die Bestimmung des Zielsystems, dem Wunschort für das Unternehmen, das Soll. Im Folgenden wird das Zielsystem und die Zielebestimmung für markt- und somit marketingorientierte Unternehmen dargestellt.

3.2 Zielsystem

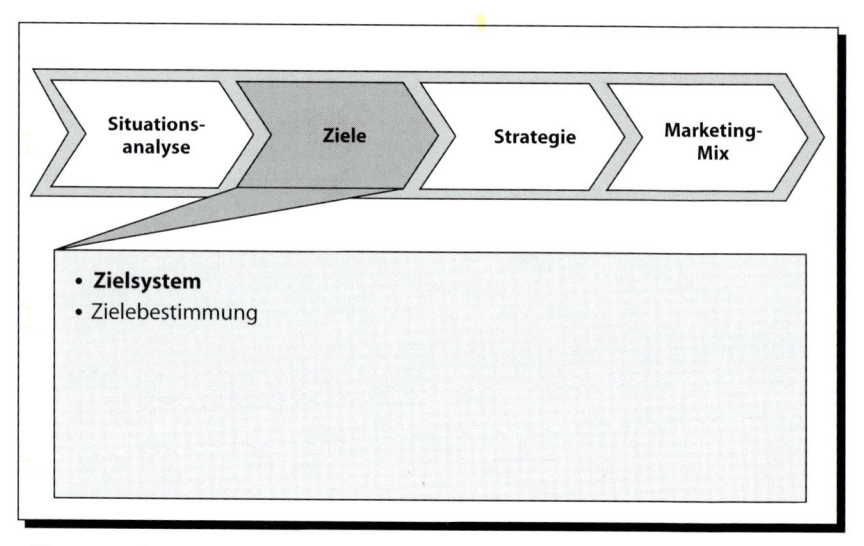

Abb. 45: Zielsystem

Das Zielsystem eines marktorientierten Unternehmens besteht aus verschiedenen Hierarchie- oder Zielebenen. Die Anzahl ist variabel und hängt sehr stark von der Gesamtstruktur eines Unternehmens ab. So hat ein großer Weltkonzern mit vielen Standorten und Unternehmensbereichen ein differenzierteres und mehrstufigeres Zielsystem als ein kleines Internetdienstleistungsunternehmen.

Grob lassen sich die einzelnen Ebenen in drei Bereiche zerlegen:

- Markt- und kundenorientierte Basisziele,
- klassische Unternehmensziele,
- Funktions- und Instrumentalziele.

In dem obersten Bereich stehen die Zielebenen der marktorientierten Grundausrichtung, die nur für marktorientierte Unternehmen die Spitze und somit die höchsten Ziele darstellen. Die zweite Ebene entspricht den klassischen Unternehmens- und Spartenziele wie Gewinnmaximierung oder andere betriebswirtschaftliche Kennzahlen. Im dritten Bereich folgen die Instrumentalziele des Marketings, die die Umsetzung der Oberziele in operative Ziele betreffen.

Zielsystem

Zielebenenbereiche

Pyramidenebenen (von oben nach unten):
- Unternehmenszweck
  »Business-Mission«
- Unternehmensidentität
  »Corporater Identity«
- Unternehmensgrundsätze
- Unternehmensoberziele
- Geschäftsfeldziele
  z. B. Spartenziele
- Funktionsziele
  z. B. Absatz, Marktanteil
- Instrumentalziele
  z. B. Marketing-Mix-Bereiche

Zuordnung rechts:
- **Marktorientierte Basisziele** (obere Ebenen)
- **Klassische Unternehmensziele** (mittlere Ebenen)
- **Funktions- und Instrumentalziele** (untere Ebenen)

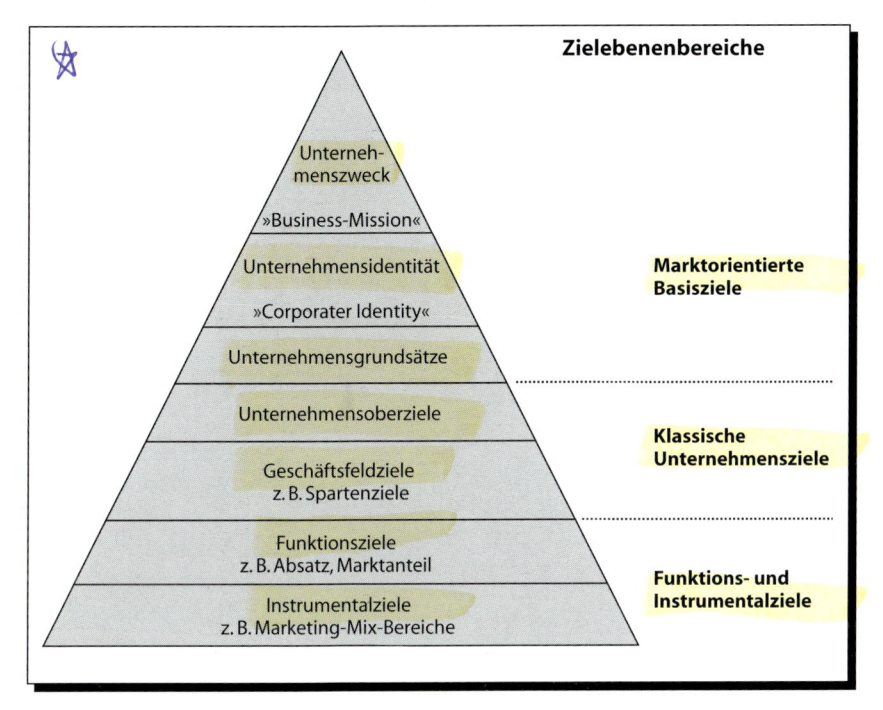

Abb. 46: Zielpyramide eines marktorientierten Unternehmens

Abb. 47: Ziele (Seiler 1991, S. 90)

3.2.1 Marktorientierte Basisziele

Die Spitze des Zielsystems besteht aus der »**Business Mission**«. Ein marktorientiertes Unternehmen unterscheidet sich wesentlich von den anders orientierten Unternehmen, indem es einer kundenorientierten »idealen« Mission folgt. Mission und Vision sind »machbare Utopien«. Nicht Gewinnmaximierung ist das höchste Ziel, sondern die Befriedigung der Kunden mit den eigenen Leistungen. Sind die Kunden zufrieden, so werden sich als Folge die Gewinne einstellen. Es ist also eine Umkehrung der Reihenfolge und Priorisierung. Es bedeutet nicht, dass marktorientierte Unternehmen nicht Gewinne oder Gewinnmaximierung als Ziel haben. Ganz im Gegenteil. Das Unternehmen folgt einer kundenorientierten Mission oder Vision mit der richtigen Einschätzung, dass dadurch letztendlich die Gewinne viel höher sein werden als bei den Unternehmen, die von vornherein ihre Energie nur direkt auf die Gewinnerzielung konzentrieren.

Praxisbeispiel *IKEA*: *Ikea hat z. B. folgende Mission: »Unsere Aufgabe ist es, vielen Menschen einen besseren Alltag zu bieten. Wir tun dies, indem wir ein breites Angebot an form- und funktionsgerechten Einrichtungsgegenständen anbieten, die sich möglichst viele leisten können« (zitiert nach Becker 1999, S. 15).*

Unterhalb der Business-Mission folgt die **Corporate Identity** des Unternehmens, die Unternehmensidentität. Sie setzt die Mission in das Verhalten, das Aussehen und den Auftritt des Unternehmens nach innen und außen um.

Praxisbeispiel: *Ein schönes Beispiel für Corporate Identity sind die Anzüge der Arbeitnehmer in den Fabriken der Automobilhersteller. So haben die Fabrikarbeiter im Opelwerk Eisenach weiße Oberhemden, um die Sauberkeit und den Qualitätsanspruch dieser Marke zu definieren. Auch soll die CI sich von der anderer Hersteller unterscheiden. So haben VW-Mechaniker in Autowerkstätten vw-blaue Overalls an, während Audi-Mechaniker weiße anhaben. Dies führt in den noch vorhandenen kombinierten VW/Audi-Werkstätten dazu, dass ein Mechaniker sich eigentlich umziehen müsste, wenn er nach einem VW plötzlich einen Audi zu reparieren hat.*

Mission und Unternehmensidentität werden verfeinert und ausgedrückt durch die **Unternehmensgrundsätze,** das Leitbild oder die Leitsätze. Diese werden im Unternehmen durch Tafeln und teilweise durch Taschenkarten kommuniziert. Jeder Mitarbeiter soll sich nach diesen meist persönlich formulierten Leitsätzen verhalten.

Praxisbeispiel *Bosch*: *Die Leitgedanken der Firma Bosch, formuliert als »Qualitätsphilosophie«, sehen folgendermaßen aus (zitiert nach Becker 1999, S. 17):*

1. *Wir wollen zufriedene Kunden.*
2. *Den Maßstab für unsere Qualität setzt der Kunde.*
3. *Als Qualitätsziel gilt immer »Null Fehler« oder »100 % richtig«.*
4. *Unsere Kunden beurteilen nicht nur die Qualität unserer Erzeugnisse, sondern auch unserer Dienstleistungen.*
5. *Anfragen, Angebote, Muster, Reklamationen usw. sind gründlich und zügig zu bearbeiten.*
6. *Jeder Mitarbeiter des Unternehmens trägt an seinem Platz zur Verwirklichung unserer Qualitätsziele bei.*
7. *Jede Arbeit sollte schon von Anfang an richtig ausgeführt werden.*
8. *Nicht nur die Fehler selbst, sondern die Ursachen von Fehlern müssen beseitigt werden.*
9. *Die Qualität unserer Erzeugnisse hängt auch von der Qualität der Zukaufteile ab.*

10. Trotz größter Sorgfalt können dennoch gelegentlich Fehler auftreten.
11. Das Erreichen unserer Qualitätsziele ist eine wichtige Aufgabe.
12. Unsere Qualitätsrichtlinien sind bindend.

Um 1990 herum gab es eine Boomzeit der Leitsätze und Leitgedanken. Analysiert man die entsprechenden Ausformulierungen der großen und mittleren Unternehmen, so werden einige Inhalte und Sachverhalte durchweg formuliert:

- **Der Kunde** ist König, hat grundsätzlich immer Recht, zahlt die Gehälter der Mitarbeiter und wird zu 100 % zufriedengestellt.
- **Die Qualität** soll von Anfang an hergestellt werden.
- **Die Mitarbeiter** sollen Leistungsbereitschaft zeigen, teamorientiert sein, den Kollegen auch als Kunden sehen, jeder Mitarbeiter ist gleich wichtig.
- **Eine kontinuierliche** Verbesserung soll permanent geschehen, jeder ist dazu aufgerufen, viele kleine Schritte sind besser als ein großer.
- **Die Führungsphilosophie**: Delegation nach unten, Vorbildfunktion der Chefs, flache oder gar keine Hierarchien, jeder soll für seinen Bereich selbstständig arbeiten.

Ein weiteres sehr bekanntes und einfaches Beispiel für Unternehmensgrundsätze ist der früher in jedem Büro der Firma IBM ausgehängte Leitsatz: »Think!«.

3.2.2 Klassische Unternehmensziele

Der zweite Zielebenenbereich bestimmt die klassischen Unternehmensziele der Betriebswirtschaft. Typische Vertreter sind:

- **Marktstellungsziele**: Marktanteil, Umsatz, Marktgeltung.
- **Rentabilitäts- und Finanzziele**: Gewinn, ROI, Umsatzrendite, EK-Rentabilität, GK-Rentabilität, Kapitalumschlag, Kreditwürdigkeit, Liquidität, Selbstfinanzierungsgrad, Kapitalstruktur, Shareholder-Value, Überleben.
- **Soziale Ziele**: Arbeitszufriedenheit, Einkommen, soziale Sicherheit, soziale Integration, persönliche Entwicklung.
- **Markt- und Prestigeziele**: Unabhängigkeit, Image und Prestige, politischer Einfluss, gesellschaftlicher Einfluss.
- **Umweltschutzziele**: Verringerung des Ressourcenverbrauches, Vermeidung und Verminderung der Umweltbelastungen.

3.2.3 Funktions- und Instrumentalziele

Die dritte Meta-Ebene betrifft die Unternehmensfunktions- und Instrumentalziele, hier nur für den Marketingbereich betrachtet. Für bestimmte Marken, Markenfamilien oder Geschäftsfelder sind typische Funktionsziele zu definieren:

- **Quantitative**: Absatz, Umsatz, Gewinn, Deckungsbeitrag, Wachstum, Marktanteil, Kosten, Marktführerschaft.
- **Qualitative**: Bekanntheitsgrad, Einstellungsänderungen, Image, Kundenbindung, Kaufabsichten, Qualität, Vertrauen, Zufriedenheit, Zuverlässigkeit.

Ist ein Unternehmen marktorientiert, so unterscheiden sich die Unternehmensziele und Marketingziele nicht. Marketing als Unternehmensphilosophie bedeutet die vollständige Umsetzung in allen Aktivitäten des Unternehmens.

Die Instrumentalziele ergeben sich aus den einzelnen Marketinginstrumenten (siehe Kapitel 5: Marketing-Mix).

Beispiele:

- **Produktziele**: Qualitätsverbesserung, Designverbesserung.
- **Distributionsziele**: Ausbau der Absatzmittler in drei Bundesländern.
- **Preisziele**: Preiserhöhung um 4 %.
- **Kommunikationsziele**: Aufmerksamkeitserzielung, Bekanntheitsgrad auf 30 % (ungestützt), Image Dimension A auf 5 Punkte.

3.3 Zielebestimmung

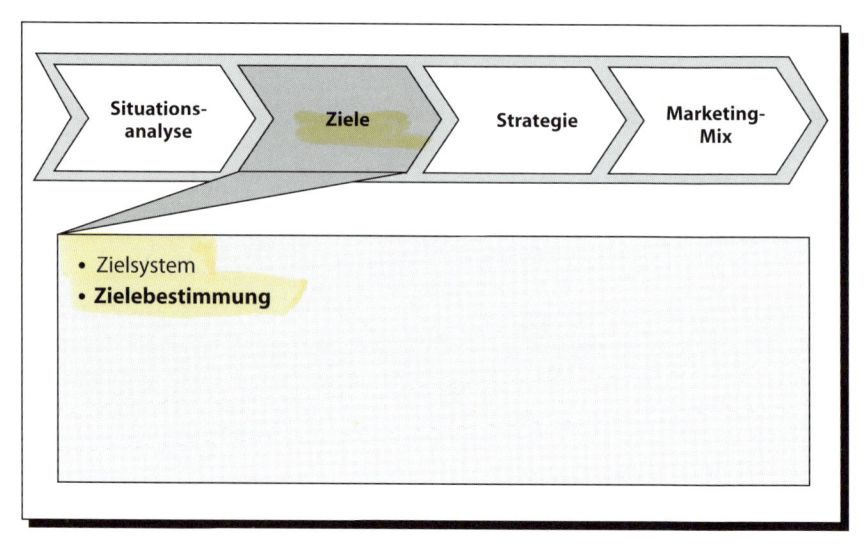

Abb. 48: Zielebestimmung

Je höher das Ziel in der Zielpyramide, desto seltener werden diese neu- oder umformuliert. Während die Business-Mission für ein Unternehmen nur ein einziges Mal bestimmt wird, sind die Instrumentalziele des Marketing jährlich zu bestimmen und bei unterjährigen Problemen und Zielabweichungen sogar noch kürzer. Deshalb wird hier nur auf die Zielebestimmung der Marketing-Funktions- und Marketing-Instrumentalziele anhand der Analyseergebnisse der Situationsanalyse schwerpunktmäßig eingegangen.

3.3.1 Marktorientierte Basisziele

Es gibt nur wenige Gründe, die die Ergebnisse einer Situationsanalyse herausarbeiten, die zu einer Neuformulierung der übergeordneten marktorientierten Basisziele nötigen.

Fehlende marktorientierte Basisziele: Als erstes sind die fehlende Marktorientierung und deshalb fehlende übergeordnete Marketingziele zu nennen. Dasselbe trifft auf neugegründete Unternehmen zu. Auch dort kann diese Zielbereichsebene noch ausformuliert sein.

Bei allen produkt- und produktionsorientierten Unternehmen fehlen diese Ziele. Aber auch innerhalb der Dienstleistungsbranchen kann man diese oft vermissen. Typisches Beispiel dafür sind Handwerksbetriebe, die trotz bestehender starker Konkurrenz und schwieriger Rahmenbedingungen in der Breite noch nicht zur Kundenorientierung gefunden haben.

Falsche marktorientierte Basisziele: Durch Situationsanalysen oder durch große technologische Umbrüche wird klar, dass die bisherigen übergeordneten Ziele langfristig nicht mehr erfolgreich sein können.

Unternehmen, die die Kundenbedürfnisbefriedigung noch immer an eine Technologie binden, sind hiervon besonders getroffen, z. B. Tageszeitungen, die ihre Business-Mission formuliert haben als »Wir wollen den lokalen Bürgern über eine Zeitung täglich Informationen liefern«. Auch können sich Kundenwünsche so grundsätzlich verschieben, dass eine neue Business-Mission her muss.

Bessere marktorientierte Basisziele: Bei der Betrachtung der Situationsanalyse insbesondere für die zukünftigen Entwicklungen kann es sein, dass bessere Märkte und geeignete Unternehmenspositonen für eine Neuformulierung sprechen.

Praxisbeispiel *Mannesmann*: *So hat z. B. die Firma Mannesmann eine solche extreme Veränderung vorgenommen. Von dem Nr. 1-Hersteller von nahtlosen Röhren zum zweitgrößten Telekommunikationsanbieter. Der Erfolg spricht für sich.*

Eine weitere verbreitete Ausgangssituation betrifft die Unternehmen, deren übergeordneten Marketingziele nur Lippenbekenntnisse sind und vor allem von der Unternehmensspitze nicht vorgelebt werden. Dies ist allerdings kein Problem der Zielbestimmung.

Praxisbeispiel *Opel*: *Ende der 80er Jahre haben alle Automobilhersteller begonnen, die Qualität und die Produktivität aus Angst vor den damals mit guten Produkten auf den Weltmarkt strömenden Japanern zu verbessern. So gab es bei Opel die Initiative »Quality Network«. Dabei wurden alle Mitarbeiter in Teamschulungen auf die neue Unternehmensphilosophie motiviert. Bestandteil dieser Philosophie war vor allem das sogenannte Empowerment. Dies bedeutet, dass jeder Mitarbeiter für seinen Bereich verantwortlich ist und für diesen Bereich auch die Entscheidungen treffen soll. Dies führte zu für ein so großes Unternehmen ungeahnten Motivationen der Mitarbeiter, die sich allerdings in der täglichen Praxis an den alten Betonköpfen der sogenannten »Frühstücksdirektoren« aufrieben. Das Topmanagement konnte das mittlere und ältere Management nicht davon überzeugen, Macht und Entscheidungsbefugnis an die Mitarbeiter* *abzugeben. Und ein Verzicht auf das komplette Mittelmanagement war damals noch nicht möglich.*

Für alle drei Ausgangssituationen startet nun ein sehr schwieriger Prozess. Idealerweise wird die Neu- oder Umformulierung durch die Kapitalgeber, Unternehmensleitung und die Mitarbeiter gemeinsam kreativ erarbeitet. Da alle gemeinsam diese Grundzüge leben sollen, müssen auch alle in die Entwicklung eingebunden werden. Dies geschieht in der Regel durch Hinzuziehung von externen Beratern oder Marktforschern, die in Workshops mit allen Mitarbeitern und Führungskräften diese gemeinsamen übergeordneten Marketingziele und Leitgedanken erarbeiten. Am Ende steht dann immer ein gemeinsames »Commitment«, also eine gemeinsame Erklärung aller, diese Ziele auch leben zu wollen.

3.3.2 Klassische Unternehmensziele

Alle Ergebnisse der Situationsanalyse bestimmen die Abweichung von vorgegebenen Unternehmenszielen. Deshalb steht allen Analyseformen der Situationsanalyse als erstes die Zielerreichung der klassischen Unternehmensziele voran. Innerhalb der Einzelanalysen werden diese Zielabweichungen in der Unternehmensanalyse erkannt. Daraus ergeben sich drei Möglichkeiten:

▶ Ziele nicht erreicht: Für die nächste Periode sind neue, geringere Ziele zu definieren, die besser erreicht werden können.
▶ Ziele nicht erreicht: Für die nächste Periode werden dieselben Ziele nochmals gesetzt.
▶ Ziele erreicht: Höhere neue Ziele werden für die nächste Periode gesetzt.

Jegliche denkbaren Ausprägungen der Unternehmensziele werden für die nächste Periode danach gegenübergestellt und bewertet.

3.3.3 Funktions- und Instrumentalziele

Während die ersten beiden Bereichsebenen eher selten verändert werden, sind die Funktions- und Instrumentalziele fast jährlich neu festzulegen. Dazu sollen im Folgenden die betrachteten kombinierten Verfahren und deren Zielebestimmung betrachtet werden.

Der **SWOT-Analyse** liegen keine besonderen Zielbestimmungen zugrunde. Typische Unternehmensziele sind hier Gewinn, Umsatz und Marktstärke.

Zielebestimmung

Innerhalb der **Positionierungsanalyse** wird nun das Soll zum Ende der nächsten Planungsperiode bestimmt. Dies geschieht dadurch, dass alle denkbaren Positionen bestimmt und danach miteinander verglichen werden. Auswahlgründe sind:

▶ **Kunde:** Welches Marktsegment verspricht die größten Zuwächse und höchsten Umsatz- und Absatzzahlen in der Zukunft? Mit welchem Ideal eines Marktsegmentes gibt es die größte Nähe?
▶ **Wettbewerb:** Von welchem Wettbewerber will man sich wie absetzen?
▶ **Unternehmen:** Auf welcher Eigenschaftsdimension werden nur durchschnittliche Werte erreicht? Welche müssen ausgebaut werden?

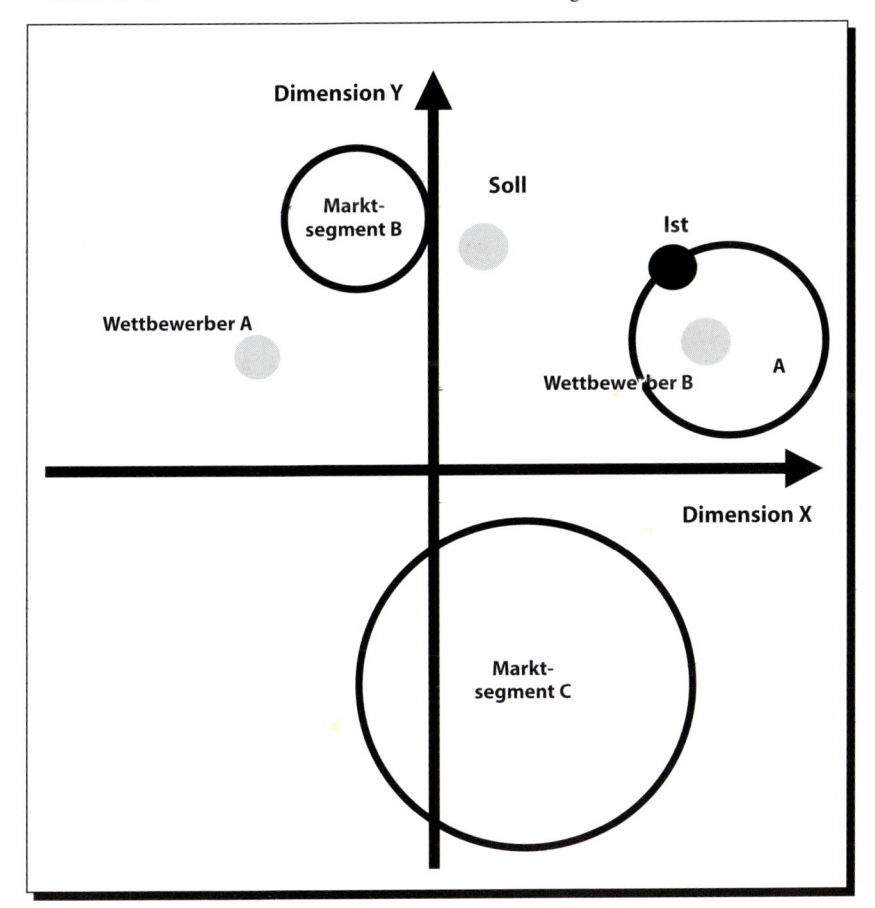

Abb. 49: Sollbestimmung in der Positionierungsanalyse

Ziele

Das **Produktlebenszyklusmodell** untersucht nur den zeitlichen Verlauf des Absatzes und Umsatzes eines einzelnen Produktes. Aus den einzelnen Phasen ergeben sich der vollständige oder schwerpunktmäßige Wechsel des Einsatzes der Marketinginstrumente. Diese werden im Kapitel Strategie näher beleuchtet.

Bei der Zielbestimmung der **Portfoliomethode** können grundsätzlich für jedes der vier Felder folgende Ziele definiert werden:

▸ **Question Marks**: Umsatzsteigerung und Versuch der Marktführerschaft (relativer Marktanteil > 1,0), um in das Stars-Feld zu gelangen.
▸ **Stars**: Umsatzsteigerung durch Halten der Marktposition. Ggf. Versuch, die Marktführerschaft weiter auszubauen.
▸ **Cash Cows**: Halten des Umsatzes und damit der Marktposition. Ggf. Versuch des Ausbaus der Marktführerschaft.
▸ **Poor Dogs**: Gewinnstabilisierung und Kostenreduktion.

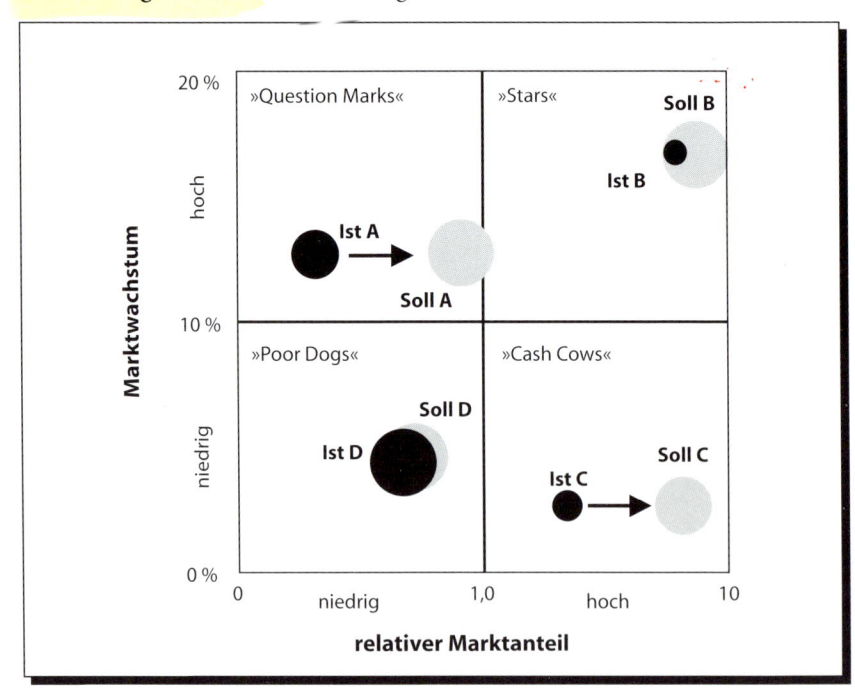

Abb. 50: Zielbestimmung der Portfoliomethode

4
Strategie

```
[ Situationsanalyse ] > [ Ziele ] > [ Strategie ] > [ Marketing-Mix ]
```

- Normstrategien 標準化の
- Standardstrategien
- kreative Strategieentwicklung
  創造性の

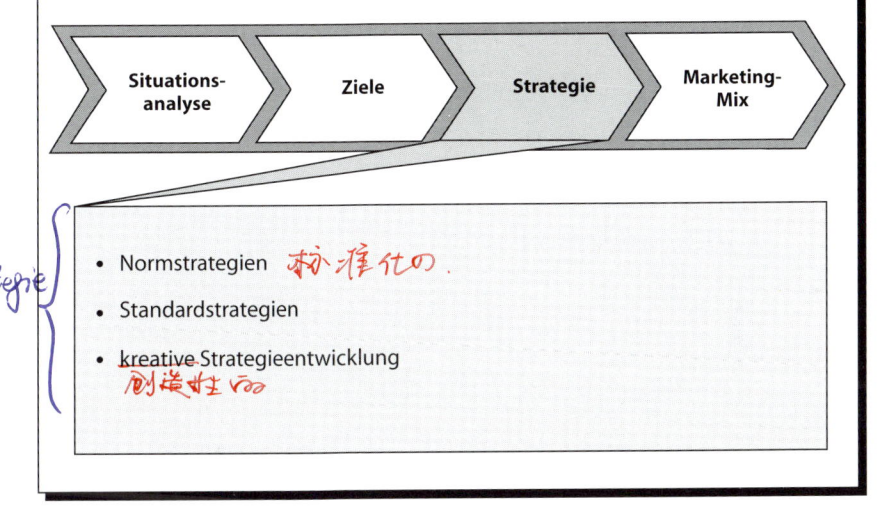

Abb. 51: Strategie – Übersicht

Nach der Bestimmung der Ziele wird in der dritten Phase des Marketingprozesses der Weg ausgewählt, mit dem man grundsätzlich von der Ist-Situation (Ergebnis der Situationsanalyse) zur Soll-Situation (Zielsystem) gelangt.

4.1 Einstieg

Eine Strategie ist ein langfristiger Verhaltensplan, der die Zielerreichung ermöglicht. Für die Entwicklung oder Auswahl einer Strategie gibt es grundsätzlich drei Wege:

- **Normstrategien:** Aufgrund von Normsystemen der kombinierten Modelle für eine bestimmte Ausgangssituation eindeutig zuzuordnende »genormte« Strategie.
- **Standardstrategien:** Aufgrund der in der marketingpolitischen Praxis bekannten und bewährten Strategien ausgewählte Strategiealternativen.
- **Kreative Strategieentwicklung:** Aufgrund des Einsatzes von Kreativitätstechniken (siehe Kamenz 2001, S. 333) für die individuelle Situation des Unternehmens innovativ entwickelte neue Strategie.

Praxisbeispiel: *Ein Unternehmen hat Probleme mit dem Absatz. Ein neuer Wettbewerber ist hinzugekommen. Der Absatz am Gesamtmarkt ist stabil. Im Zielsystem steht »Absatz in drei Monaten verdoppeln«. Für die Marketingkonzeption stellt sich als erstes die Frage, welche Strategien gibt es und welche ist für uns die Richtige?*

- **Normstrategien**
- **Standardstrategien**
- **kreative Strategieentwicklung**

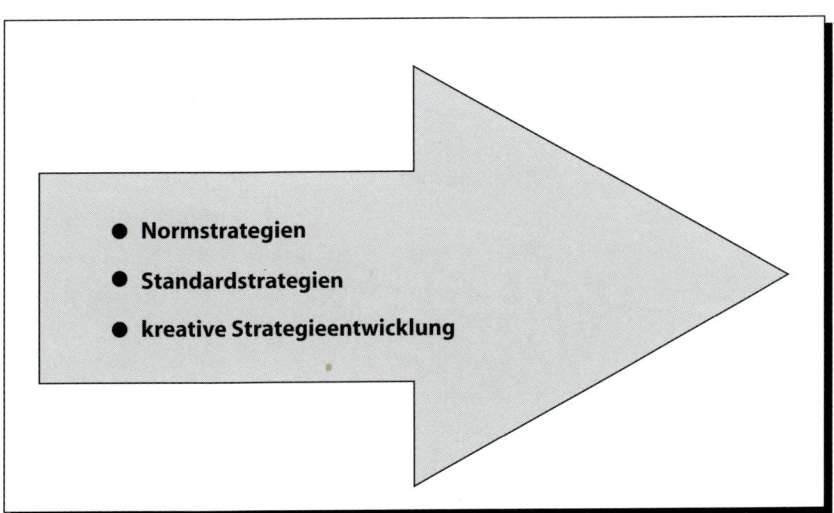

Abb. 52: Wege der Strategieentwicklung

4.2 Normstrategien

```
[Situations-analyse] → [Ziele] → [Strategie] → [Marketing-Mix]

• Normstrategien
• Standardstrategien
• kreative Strategieentwicklung
```

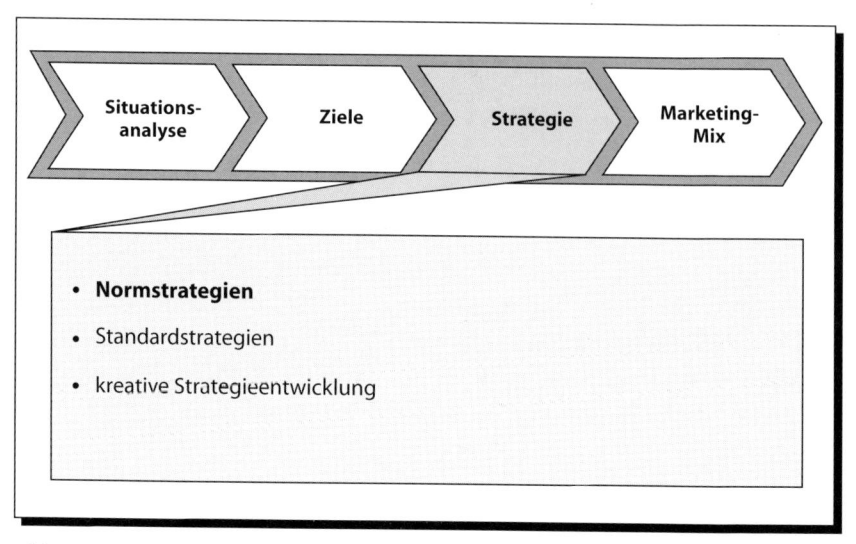

Abb. 53: Strategieübersicht – Normstrategien

Die Bestimmung einer Normstrategie ist die erste Stufe der Entwicklung, Alternativengenerierung und Auswahl einer geeigneten Strategie. Eine solche Normstrategie ergibt sich zwingend aus einer durch eine mehrdimensionale Situationsanalyse festgestellten Situation und einem vorgegebenen Normsystem.

Eine alte Beraterweisheit besagt: Je höher Du in der Hierarchie präsentierst, um so einfacher stelle dar! Die Gründe dafür sind einfach: Ein Topmanager kann nicht in jedem Bereich genauso gut informiert sein wie sein Fachpersonal. Außerdem sollte er nur wenig Zeit haben sich einzuarbeiten und hat auch nur wenig Zeit, für gegebene Sachzusammenhänge die richtige Entscheidung zu treffen. Deshalb will jeder Topmanager die Erkenntnisse, die man ihm zur Entscheidung vorlegt, schnell und exakt erfassen. Wie stellt man es ihm denn nun möglichst einfach dar? Wie es Kinder tun: bildhaft. Und Bilder oder Grafiken auf Papier oder Folie kann der Mensch zweidimensional schneller und besser begreifen als dreidimensionale Gebilde. Deshalb versuchen die folgenden Normierungsmodelle der Strategieentwicklung komplexe Zusammenhänge zweidimensional darzustellen. Diese extreme Vereinfachung erlaubt es dem Betrachter wesentliche Zusammenhänge schnell und präzise zu erfassen.

4.2.1 SWOT-Analyse

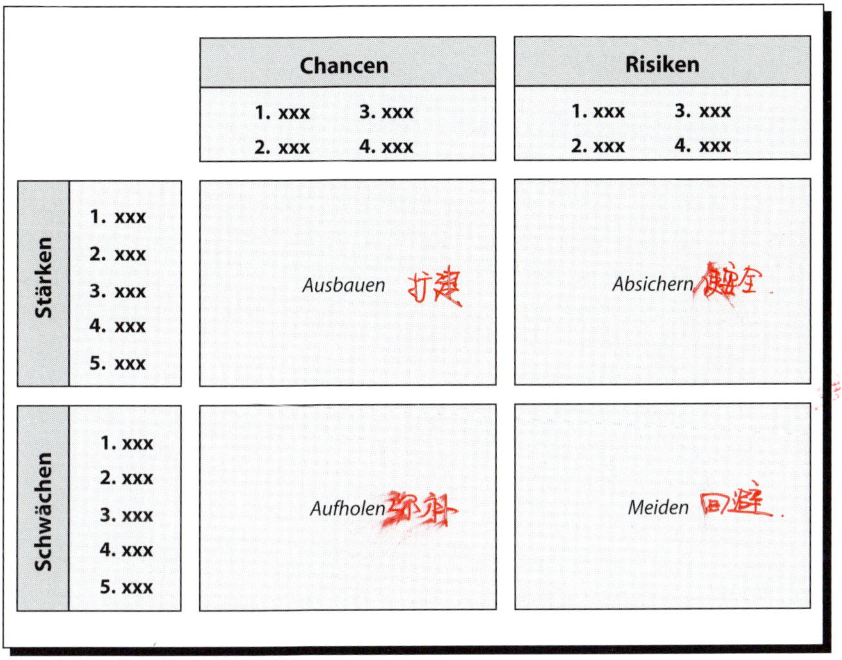

	Chancen 1. xxx 3. xxx 2. xxx 4. xxx	Risiken 1. xxx 3. xxx 2. xxx 4. xxx
Stärken 1. xxx 2. xxx 3. xxx 4. xxx 5. xxx	Ausbauen 打造	Absichern 周全
Schwächen 1. xxx 2. xxx 3. xxx 4. xxx 5. xxx	Aufholen 弥补	Meiden 回避

Abb. 54: SWOT-Analyse und strategische Stoßrichtungen

In der kombinierten Situationsanalyse wurde die SWOT-Analyse als Kombination aus Stärken-Schwächen- und der Chancen-Risiken-Analyse vorgestellt. Dort wurden die Positionen des eigenen Unternehmens exakt erfasst und den vier Feldern zugeordnet. Je nachdem, in welchem Quadranten sich das Unternehmen, der relevante Markt, das Produkt, die Marke oder das Geschäftsfeld befindet, ergibt sich daraus folgende genormte Strategie:

▸ **Ausbaustrategie**: In dem betroffenen Geschäftsfeld treffen Stärken des Unternehmens auf Chancen des Marktes. Sicherlich der Idealzustand. Diese Position sollte also durch geeignete Instrumente weiter ausgebaut werden.
▸ **Absicherungsstrategie**: Stärken treffen hier auf Risiken. Das bedeutet, dass die grundsätzlich gute Unternehmensposition gegenüber den vorhandenen Risiken abgesichert werden muss.
▸ **Aufholstrategie**: Treffen Schwächen des Unternehmens auf Marktchancen, bedeutet dies eine Notwendigkeit zum Aufholen gegenüber dem Wettbewerb. Aus den Schwächen müssen Stärken werden, um die Chancen nicht dem Wettbewerb allein zu überlassen.

Strategie

▶ **Meidungsstrategie:** Treffen Schwächen des Unternehmens auf deutliche Marktrisiken, so muss dieses Segment sofort verlassen werden. Wenn kein Chance besteht, z. B. aus der Schwäche eine Stärke zu machen, ist ein Rückzug aus diesem Markt die letzte Konsequenz.

Wirklich interessant wird die SWOT-Analyse, wenn sich verschiedene strategische Geschäftsfelder auf die vier Segmente verteilen. Somit ergibt sich ein Mix aus guten und schlechten Positionen. Dies bedeutet auch, dass schwache Segmente durch starke gestützt werden können. Auch können starke Segmente die Investitions- und Finanzkraft erbringen, die für die Verbesserung der schwachen Positionen notwendig sind.

4.2.2 Portfoliotechnik

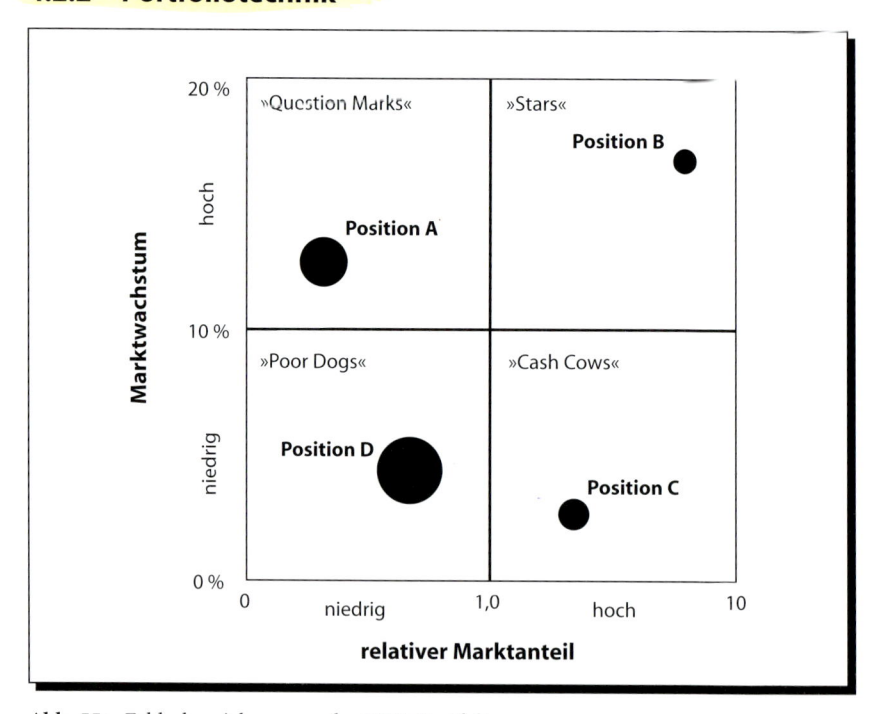

Abb. 55: Felderbezeichnungen des BCG-Portfolio

Den vier vordefinierten und in der Situationsanalyse mit den Ergebnissen für die Geschäftsfelder des Unternehmens gefüllten Feldern des Marktanteils-Marktwachstums-Portfolios der Boston Consulting Group werden folgende vier Normstrategien zugewiesen:

▸ **Question Marks:** Wachstums- und Investitionsstrategie.
▸ **Stars:** Ausbaustrategie.
▸ **Cash Cows:** Abschöpfungsstrategie (»Melken des Geschäftsfeldes«).
▸ **Poor Dogs:** Desinvestitionsstrategie, Marktausstrittstrategie.

4.2.3 Produktlebenszyklusmodell

In dem dargestellten Produktlebenszyklusmodell wurden verschiedene Phasen des Werdens und Vergehens eines Produktes im Zeitablauf abgegrenzt. In jeder Phase ergeben sich nun Normstrategien, die hier besonders den konkreten Einsatz der Marketinginstrumente betreffen.

Ziele/Instrumente	Einführung	Wachstum	Reife/Sättigung	Rückgang
Strategie	Investions- / Markteintritts-strategie	Marktauswei-tungsstrategie	Abschöpfungs-strategie	Rückzugsstrategie
Produktpolitik	Innovation	Modifikation, Differen-zierung	Produktvaria-tion	Produktelimination
Distributionspolitik	Aufbau der Dis-tribution	Händlerpflege	Händlermoti-vation	Selektion, Abbau
Preispolitik	Abschöpfung oder Penetration	Preiskonstanz	Preisanpas-sung	Preisstabilisierung
Kommunikations-politik	Aufbau Bekannt-heitsgrad	Penetration der Botschaft	Stärkung Abverkauf	–

Abb. 56: Produktlebenszyklusmodell

Neben diesen Normstrategien gibt es auch die Möglichkeit, die jeweiligen Phasen künstlich zu verlängern. Dies steht aber im Widerspruch zum grundsätzlichen Modell, da eine unnatürliche Phasenverlängerung unter Umständen ein Überspringen der folgenden Phase zur Folge haben könnte.

In der Rückgangphase hat sich als Alternative die **Relaunchstrategie** bewährt. Dabei versucht man, statt dem Marktaustritt dem Produkt mit einer Quasi-

Wiedergeburt neues Leben einzuhauchen (»revitalisieren«) und somit einen neuen Lebenszyklus beginnen zu lassen.

Praxisbeispiel: *Klassisches Beispiel hierfür ist die Automobilindustrie, die durch eine genaue Dosierung von facelifts und/oder wirklichen Neuentwicklungen neue Produktlebenszyklen mit der alten Marke in den Augen der Kunden initiiert.*

Praxisbeispiel 4711: *Das Produkt 4711 – Echt Kölnisch Wasser ist eine der ältesten deutschen Marken. Es ist seit vielen Jahren in einer schleichenden Degenerationsphase. Nach dem Produktlebenszyklusmodell gibt es also drei Alternativen: sofortiger Marktaustritt, Relaunch oder Degenerationsphase verlängern. Da das Produkt bei sinkendem Umsatz noch weiterhin Gewinne erzielt und die Marke grundsätzlich aufgrund des sehr hohen Bekanntheitsgrades einen hohen Wert hat, kommt ein Marktaustritt nicht in Betracht. Ein Relaunch ist sinnvoll, aber schwierig. Die Marke ist so stark in der Bevölkerung mit bestimmten Assoziationen behaftet, dass ein Umbau der Marke immens teuer und mit hohen Risiken verbunden ist. Somit bleibt die dritte Alternative, die Marke mit geringem Aufwand bei der verbleibenen eher älteren Zielgruppe bis zum im wahrsten Sinne natürlichen Abgang zu pflegen. Die dadurch eingesparten Investitionen werden zum Aufbau neuer Marken für neue Zielgruppen verwendet.*

4.3 Standardstrategien

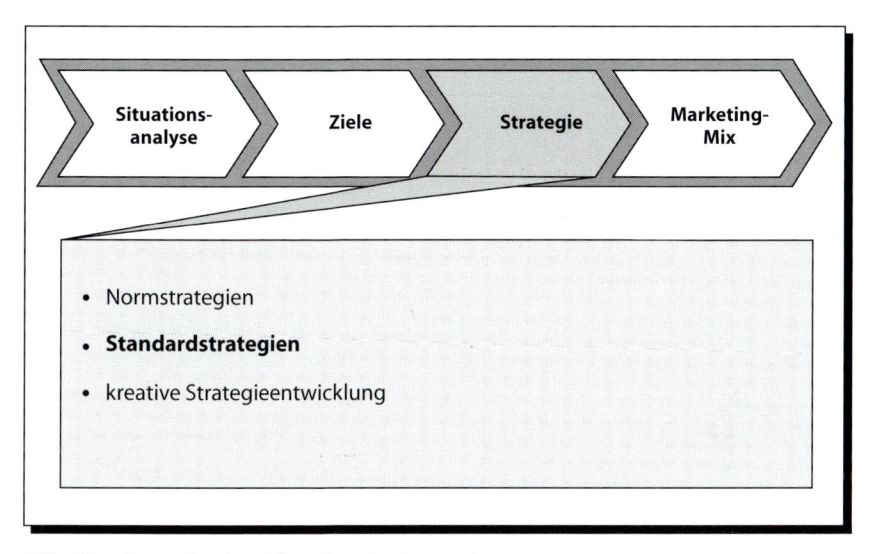

Abb. 57: Strategienübersicht – Standardstrategien

Eine allgemeine Grundregel kaufmännischen Arbeitens heißt »Besser gut geklaut als schlecht erfunden«. Deshalb ist es Pflicht bei der Entwicklung und Auswahl der passenden Strategie zu schauen, ob es für die gegebene Aufgabenstellung aus Situation und Zielen nicht schon im Markt erprobte Strategien existieren. Diese sogenannten Standardstrategien sind vom Inhalt, von der Wirkung und der strategischen Ausrichtung der Marketinginstrumente aufgrund des bisherigen Einsatzes und/oder allgemeiner Übereinkunft im Markt vollständig definiert.

In diesem Kapitel wird eine Auswahl bekannter Standardstrategien aufgelistet:

- **Aufkaufstrategie:** Wachstum, Kosteneinsparung und größere Marktmacht durch Aufkauf von Marktanteilen, Aufkauf des Wettbewerbes.
- **Börsenkapitalisierung:** Neben der Shareholder-Value-Strategie gibt es mit der Strategie der Börsenkapitalisierung eine zweite rein auf den Aktienkurs gerichtete Strategie. In dieser in der sogenannten »New-Economy« vertretenen Strategie, wird versucht, sehr schnell sein Unternehmen an die Börse zu bringen und einen hohen Wert des gesamten Aktienpaketes zu erreichen. Dies, obwohl in der Regel keine Gewinne erzielt und auch nicht erwartet werden.

Strategie

- **Differenzierungsstrategie** (Ansoff, Porter): Differenzierung in den Augen des Kunden gegenüber dem Wettbewrb, z. B. durch ein Alleinstellungsmerkmal (USP, bezüglich Produkt, Service, Mitarbeiter, Image).
- **Discountstrategie** (Preis-Mengen-Strategie): Profilierung gegenüber dem Wettbewerb über den Preis. Dabei wird absichtlich ein »Discount«- oder Billig-Image angestrebt.
- **Diversifikationsstrategie**: Um weitere Markt- und Absatzpotenziale zu eröffnen wird in neue Produktmärkte eingetreten. Dabei wird unterschieden in horizontale (gleiche Wirtschaftsstufe mit technischer Ähnlichkeit; z. B. PKW und LKW), vertikaler (vor- oder nachgelagerte Wirtschaftsstufe; z. B. PKW und Reifen) oder lateraler Diversifikation (völlig neues Betätigungsfeld; z. B. PKW und Schnellrestaurant).
- **First to Market-Strategie**: Der Erste mit einem Produkt am Markt zu sein.
- **Follow the Leader-Strategie**: Sich an dem Erfolg des Marktführers zu orientieren.
- **Fusionsstrategie**: Kostenreduktion, Marktanteil und Marktbedeutung durch Fusion mit einem Wettbewerber zu erlangen.
- **Globalisierung**: Einheitliches Marketing-Mix und einheitlicher Auftritt mit nur geringen Abweichungen der Instrumente über die gesamte Welt.
- **Innovationsstrategie**: Erzielung von Image und Realität als Innovationsführer. Außerdem Markterfolg über permanente Innovationen. Hohe F&E-Budgets in Relation zum Umsatz, frühzeitiger Markteintritt.
- **Internationalisierungsstrategie**: Markteintritt in neue Märkte außerhalb des eigenen nationalen Marktes.
- **Konzentration auf Kernkompetenzen**: Unternehmen, die sich nicht so erfolgreich diversifiziert haben, werden in der Regel die Gegenstrategie fahren. Alle Unternehmensteile, die nicht zur Kernkompetenz des Unternehmens gehören, werden verkauft oder geschlossen.
- **Konzentration auf Schwerpunkte** (Porter): Konzentration auf bestimmte Schwerpunktmärkte.
- **Kooperationsstrategie**: Gewinnung von Kostenreduktion und Marktmacht durch Kooperationen mit Wettbewerbern auf bestimmten Märkten.
- **Umfassende Kostenführerschaft**: Kostenminimalprinzip, niedrigere Kosten als alle Wettbewerber, große Stückzahlen, günstige Rohstoffe und Ressourcen, großer Marktanteil.
- **Kundenwertstrategie**: Statt Umsätzen und Gewinnen wird hier der Wert des Kunden als Erfolgsziel angesehen. Dies ist vor allem im Internetbusiness zu beobachten. Dort steigt der Aktienkurs mit der Zahl der integrierten Kunden. Dies liegt daran, dass die Aktionäre über die Zahl der Kunden für die Zukunft hohe Erwartungen an das Unternehmen hegen. Umgesetzt

wird diese Strategie mit einer rigorosen Null-Preisstrategie und mit permanenten Produktinnovationen und zusätzlichen Leistungen der Produktpolitik.
- **Luxusmarken-Strategie**: Gewinnung eines Luxusimages der Produkte und somit hoher Preise und hohe Deckungsbeiträge. Allerdings meist einhergehend mit eher niedrigeren Produktionszahlen.
- **Marken(artikel)strategie**: Markteinführung von Einzelmarken, Dachmarken, Familienmarken, Luxusmarken, Zweimarken, Doppelmarken und Premiummarken, wenn die Produkte vorher nur unzureichend markiert worden waren.
- **Marktdurchdringungsstrategie** (Ansoff): Penetration und Ausbau der eigenen Produkte in einem abgegrenzten Markt. Schaffung höherer Marktanteile und höherer Absätze.
- **Marktbesetzung:** Markteintritt und Eroberung eines beherrschenden Marktanteiles, so dass kein anderer mehr in den Markt eindringen und ihn »erobern« kann.
- **Marktentwicklungsstrategie** (Ansoff): Ausweitung eines bestehenden Marktes.
- **Marktarealstrategien**: Ausweitung des lokalen, regionalen oder nationalen Marktbearbeitungsgebietes.
- **Marktsegmentierungsstrategie**: Segmentierung der Kundengruppen und differenzierte Ansprache.
- **Multi-Segment-Strategie**: Einsatz verschiedener Marketinginstrumente für verschiedene Zielgruppen und Marktsegmente.
- **Me too-Strategie**: Imitation bestehender, erfolgreicher Produkte der Konkurrenz. Sicherstellung des identischen Produktangebotes im Vergleich zur Konkurrenz.
- **Mittellagen-Strategie** (Durchschnittsstrategie): Wahl durchschnittlicher Imagewerte zur Abdeckung durchschnittlicher Kundenwünsche. Auch »Zwischen-den-Stühlen«-Strategie genannt.
- **Preis-Mengen-Strategie**: Größere Stückzahlen führen zu geringeren Kosten und somit Preisen.
- **Premium-Strategie**: Durch Einsatz verschiedener Marketinginstrumente wird dem Produkt ein Premiumimage, also ein gehobenes Image, gegeben, um die Preise anheben zu können.
- **Präferenz-Strategie**: Sammelbegriff für die Strategien, die in ein oder mehreren Marketinginstrumenten Präferenzen gegenüber dem Wettbewerber in den Augen der Kunden erreichen.
- **Produktentwicklung** (Ansoff): Entwicklung neuer Produkte, um eine größere Marktbedeutung zu erlangen.

- **Qualitätsführerschaft**: Bezüglich eines oder mehrerer Marketinginstrumente in den Augen der Kunden im Vergleich zum Wettbewerb Qualitätsführer zu sein. Qualitätsdimensionen z. B. Gebrauchsnutzen, Haltbarkeit, Zuverlässigkeit, Ausstattung, Normgerechtigkeit, Ästhetik, Zeit.
- **Raubbau-Strategie**: Kurzfristiger Ausverkauf der Marktvorteile, z. B. durch hohen Preis bei niedriger Qualität, kurzfristig.
- **Shareholder-Value-Strategie**: Es wird alles unternommen, um den Wert der Aktien für die Aktionäre ständig zu steigern. Dies führt zu eher kurzfristiger Gewinnorientierung und eher niedriger Investitionsneigung.
- **Technologieführerschaft**: Entwicklung und Einsatz der jeweils besten Technologie.
- **Wachstumsstrategien**: Überbegriff für die Strategien, die schwerpunktmäßig das Unternehmenswachstum in den Vordergrund der Überlegungen setzen.
- **Wettbewerbsstrategien**: Überbegriff für die Strategien, die sich schwerpunktmäßig auf die direkte Position gegenüber dem Wettbewerb beziehen.

Jede dieser Strategien weist einen Schwerpunkt in der Orientierung auf Kunde, Wettbewerb, eigenes Unternehmen oder der Umwelt auf. Auch beinhalten manche Strategien klare Vorgaben für den schwerpunktmäßigen Einsatz der Marketinginstrumente.

Je nach Zusammenhang zwischen Situation und Ziel bieten sich somit immer mehrere Strategien an, die einen möglichen Weg zum Ziel darstellen. Die passenden Strategien sind auszuwählen und zu bestimmen. Über welche der dargestellten Standardstrategien der Weg vom Ist zum Soll erreicht wird, hängt sehr stark von der Ausgangs- und Endposition ab und kann nicht allgemeingültig vorgenommen werden. Die wesentliche Frage lautet, wird auf einer oder beiden Dimensionen drastisch eine Veränderung vorgenommen oder sind es eher marginale Änderungsschritte? Wichtig ist dabei, ob das Soll als Wunschposition der nächsten Periode dem Ideal des Marktsegmentes entspricht oder nur einen Zwischenschritt (so wie in der Abbildung) darstellt.

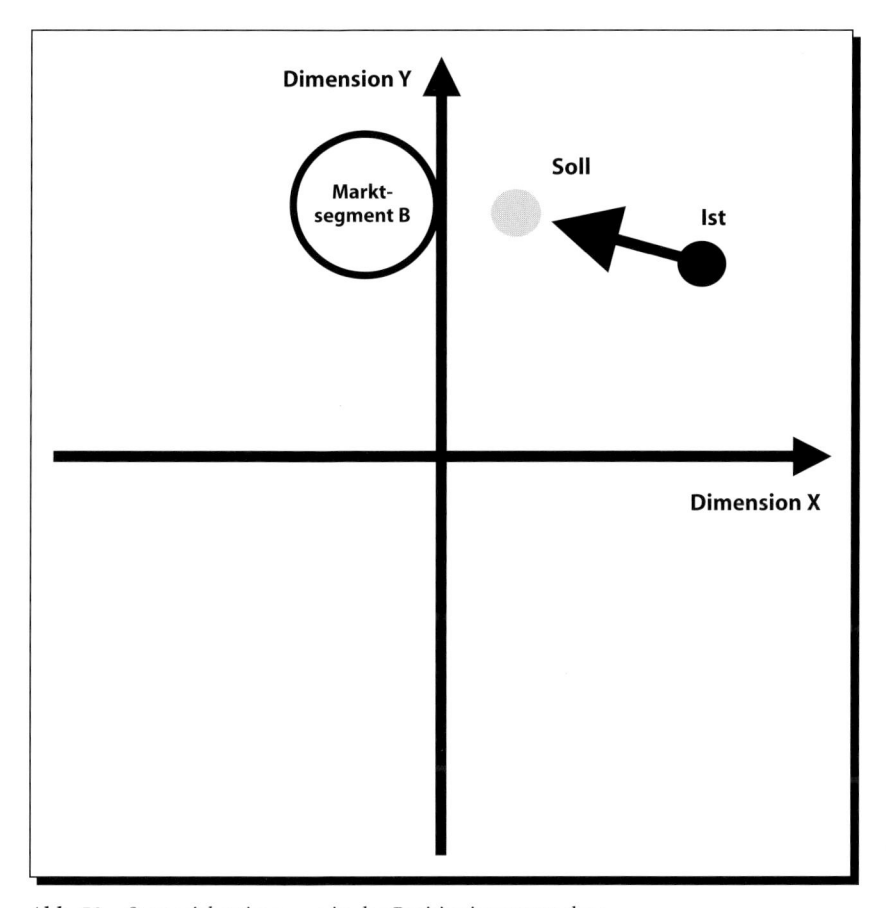

Abb. 58: Strategiebestimmung in der Positionierungsanalyse

Praxisbeispiel VW/Audi: *Nach der Neuaufteilung der Marktsegmente im VW-Konzern in den 80er Jahren wurde der Marke Audi eine extrem neue Position zugeschrieben, weg vom preiswerten Normalautohersteller hin zum teureren Hersteller mit technischer Kompetenz und hoher Sportlichkeit. Somit war eine Premiumstrategie in Kombination mit einer Innovationsstrategie die logische Konsequenz.*

4.4 Kreative Strategieentwicklung

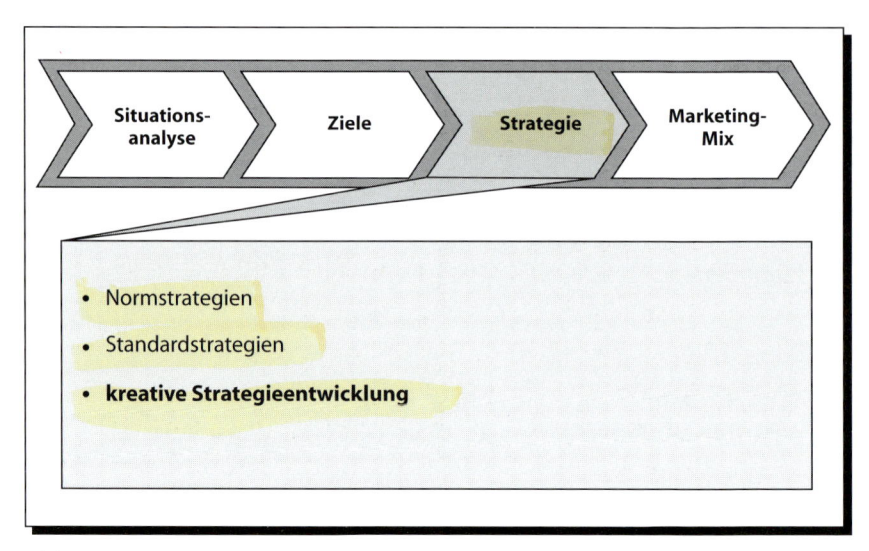

Abb. 59: Strategienübersicht – kreative Strategieentwicklung

Führen die Norm- und Standardstrategien nicht zu der anerkannten und ausgewählten Strategie für ein Unternehmen, so besteht weiterhin die Möglichkeit eine neue, individuelle und innovative Strategie zu entwickeln. Dazu werden die Marktforschungsmethoden der Kreativitätstechniken verwendet.

Unterschieden werden die Verfahren in kombinatorische und assoziative Verfahren. Die **assoziativen Verfahren** bauen darauf auf, dass aufgrund einer schriftlich, bildlich, verbal dargestellten Reizsituation durch den Probanden Assoziationen angeregt werden, die letztendlich die Kreativität bedingen. Die bekanntesten Vertreter sind:

- **Brainstorming:** Gruppensitzung mit vier bis sieben Teilnehmern, Dauer maximal 30 Minuten, Kritik während der Sitzung untersagt, keine Hierarchie zwischen den Teilnehmern, alle Vorschläge erlaubt.
- **Creative Collaboration Technique:** Zwei Phasen, normales Brainstorming, einzelne Problemlösungsversuche außerhalb der Gruppe, vier bis sieben Teilnehmer, Dauer maximal 30 Minuten.
- **Methode 635:** 6 Teilnehmer tragen in ein Formular je 3 Lösungen innerhalb von 5 Minuten, Weitergabe der Ergebnisse an den Nachbarn.

- **Brainwriting:** Vorgegebene Lösungsansätze müssen weitergeführt werden, jeweils eine Idee schriftlich angefügt werden, vier bis acht Teilnehmer, Dauer maximal 40 Minuten.
- **Ideen-Delfi:** Mindestens 3 Runden mit mehreren Experten. In der 1. Runde spontane Lösungsansätze, in der 2. Runde Erweiterung der Summe aller Vorschläge, in der 3. Runde Bewertung der Vorschläge.
- **Bionik:** Lösungsansätze werden in der Natur gesucht, Ableitung von Analogien.
- **Synektik:** Problemtransformation in Analogiebereiche, Verfremdung, Konfrontation mit dem Problembereich.

Die **kombinatorischen Kreativitätstechniken** versuchen, durch Systematiken alle denkbaren Kombinationen auszuleuchten, sodass eine neue, bisher noch nicht angedachte Kombination übrig bleibt. Typische Verfahren sind:

- **Morphologischer Kasten:** Untersuchungsgegenstand wird in alle Bestandteile zerlegt, alle Ausprägungen der Bestandteile werden miteinander kombiniert, alle Kombinationen bewertet.
- **Attribute-Listing:** Auflistung aller wichtigen Eigenschaften und Bestandteile einer bekannten Problemlösung, Anregung für Lösungsverbesserungen des konkreten Problems.

5
Marketing-Mix

- Marktsegmentierung
- Produktpolitik
- Distributionspolitik
- Preispolitik
- Kommunikationspolitik
- Kombinierte Marketing-Mix-Bestimmung

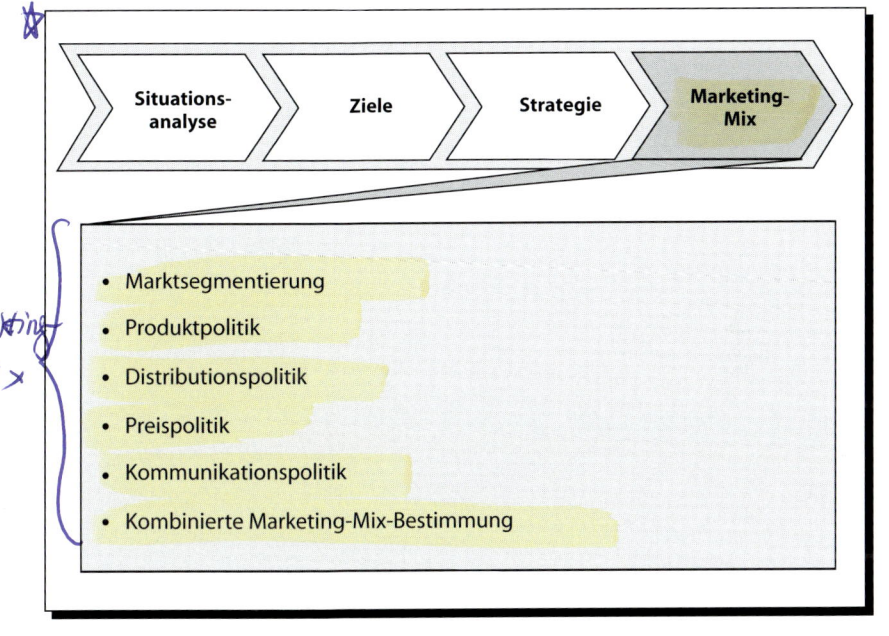

Abb. 60: Marketing-Mix – Übersicht

Nach der Auswahl und Ausgestaltung der Strategie sind die dazu passenden Marketinginstrumente und das Marketinginstrumentarium, als Gesamtheit aller Handlungsalternativen und Aktionsparameter auszuwählen. Diese werden als Marketing-Mix und Instrumentalkombination bezeichnet. Sie werden eingeteilt in die vier Bereiche Produktpolitik, Preispolitik, Kommunikationspolitik und Distributionspolitik. Diese Abgrenzung geht auf die 4 P's der amerikanischen Marketingliteratur zurück: Product, Place, Price, Promotion (McCarthy 1960). Auch Submixbereiche genannt. Diese Mix- oder Politikbereiche werden einzeln dargestellt. Zum Abschluss folgt die Kombination aller Instrumente zum Marketing-Mix des Unternehmens.

26.11.04
S. 1(2) Güterarten
- Konsumgüter (zu konsumieren) Verbrauch
  → 满足日常需求
- Investitionsgüter (güter kaufen → neu 创造新价值)
  → 判断方法: 有无 Mwst.
- Dienstleistungen
  → man kann nicht lagern.
  zB. Friseur schneidet Haare

Grundsatzentscheidungen der PP

Entscheidung	Art der Entscheidungen		
	Einführung	Veränderung	Elimination
bezogen auf einzelnes Produkt	Produkt-innovation	Produkt-variation	Produkt-elimination
bezogen auf Produktlinie	Diversifikation	Erweiterung einer Produktlinie (Produktdifferenzierung) / Straffung einer Produktlinie	Eliminierung einer Produktlinie

(S 105)

5.1 Einstieg

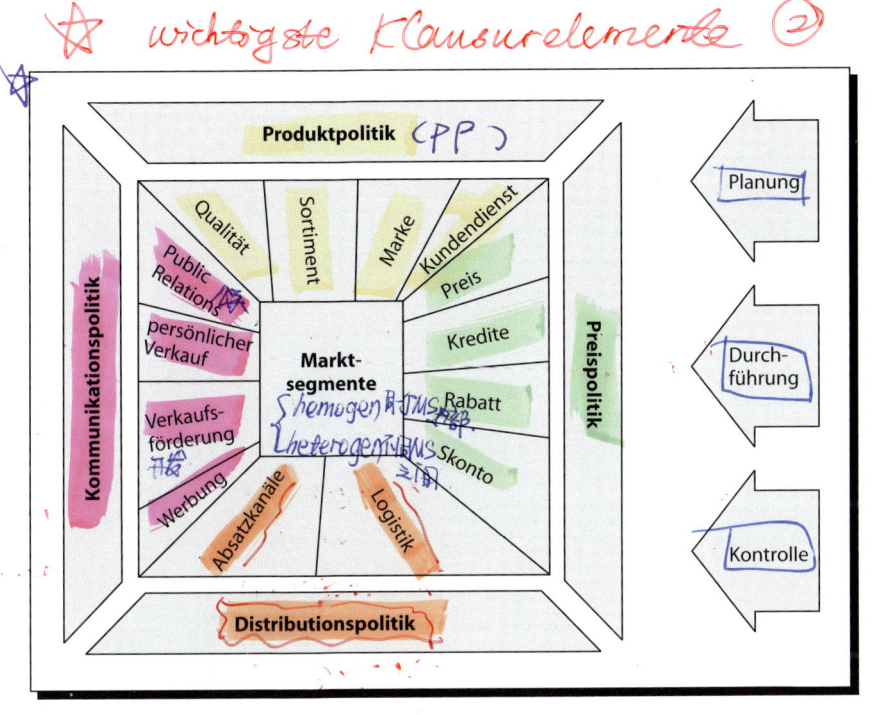

Abb. 61: Klassisches Marketing-Mix (Meffert 1998, S. 72)

Die in obiger Abbildung dargestellte Einteilung hat sich in der Literatur und vor allem in der Marketinglehre überwiegend durchgesetzt, auch wenn es hinreichende Gründe gibt, sie zu verändern und vor allem auszuweiten. Sie zeigt aber auch den gern übersehenen fünften Bereich des Marketing-Mixes sehr deutlich: das Marktsegment in der Mitte. Die Instrumente sind auf ein oder mehrere Marktsegmente hin zu optimieren. Haben wir mehrere Marktsegmente, so sieht das Marketing-Mix für jedes Marktsegment unterschiedlich aus.

Praxisbeispiel *Procter & Gamble*: *Wie schon dargestellt vermarktet Procter & Gamble ihr technisch identisches Produkt Höschenwindeln für zwei unterschiedliche Zielgruppen und somit Marktsegmente. Unterschiedliche Preispolitik, unterschiedliche Verpackung und unterschiedliche Werbeaussagen sind drei unterschiedliche Instrumente, die für zwei Segmente unterschiedlich eingesetzt werden.*

Die Strategie kann davon unberührt für beide gleich sein, z. B. Marktführerschafts- und Qualitätsführerschaftstrategie.

Die Bezeichnung Politik in den vier Überschriften drückt aus, dass es sich nicht nur um die Zusammenstellung einzelner Instrumente handelt, sondern auch um grundsätzliche Handlungsalternativen und Entscheidungsbereiche, die teilweise auch strategischen Charakter haben. In den folgenden Kapiteln wird daher vor der Darstellung der einzelnen singulären Instrumente die Grundsatzentscheidungen des jeweiligen Instrumentalbereiches vorangestellt. Der Begriff der Instrumentalstrategie wie z. B. Preisstrategie wird hier der jeweiligen Instrumentalpolitik zugeordnet und nicht der Strategieentwicklung im vorherigen Kapitel.

5.2 Marktsegmentierung

- **Marktsegmentierung**
- Produktpolitik
- Distributionspolitik
- Preispolitik
- Kommunikationspolitik
- Kombinierte Marketing-Mix-Bestimmung

Abb. 62: Marketing-Mix – Marktsegmentieurng

Die Grundidee der Marktsegmentierung liegt in dem Bewusstsein, dass es keine Durchschnittskonsumenten gibt. Unterschiedliche Zielgruppen, unterschiedliche Kundengruppen und die individuellen Kunden besitzen unterschiedliche Bedürfnisse und Wünsche. Deshalb kann man mit der Marktsegmentierung für jede so abgegrenzte Kundengruppe eine Identität der erbrachten Marktleistung durch identische Marketinginstrumente erzielen. Typischerweise gibt es folgende Segmentierungsvariablen:

- **Demografische und geografische**: Alter, Geschlecht, Familienstand, Haushaltsgröße, Anzahl Kinder, Familienlebenszyklusphase (Kamenz 1987), Wohnortgröße, Wohnsitz, Region, Bundesland, Staat, Stadt oder Land.
- **Sozio-ökonomische**: soziale Schicht, Bildungsrad, Berufsgruppe, Berufstätigkeit, Einkommen, Ausbildung, Schulbildung, Einkommen.
- **Psychografische**: Persönlichkeitsmerkmale, Interessen, Lebensstil, Meinungen, soziale Orientierung, Genussorientierung, Risikobereitschaft, Sicherheitsstreben.

▸ **Produktspezifische Kriterien**: Einstellungen, Kaufabsichten, Motive, Präferenzen, Wahrnehmungen.
▸ **Käuferverhalten**: Markentreue, Markenwechsel, Viel- oder Wenigkäufer, Art des Kaufentscheidungsprozesses, Kaufhäufigkeit, Mediennutzung, Einkaufsstättenwahl, Preisverhalten, Produktwahl.
▸ **Käufergruppenbildung:** Soziodemografische und personenbezogene Merkmale wie Alter, Familienstand, Geschlecht, Kinderanzahl, Haushaltsgröße, Wohnort, Wohnregion, Berufstätigkeit, Berufsgruppe, soziale Schicht, Bildungsstand, Kaufkraft und Einkommen.
▸ **Merkmale des Informations- und Verwendungsverhaltens:** Verwendungshäufigkeit, Kaufraten, Konsumstile, Reaktionen und den Einsatz von Marketinginstrumenten, A-B-C-Kunden.
▸ **Lebensstilanalyse:** psychografisches Segmentierungsverfahren zur Identifikation typischer Kundengruppen.
▸ **Lebenszykluskonzepte:** Gruppierung nach der Phasenzugehörigkeit im individuellen oder Familienlebenszyklus (Kamenz 1987).

Als Zielgruppen kommen neben natürlichen Personen auch Unternehmen oder Körperschaften in Betracht, deren Segmentierungskriterien inhaltlich entsprechend anzupassen sind.

Die Grundregel zur Bildung unterschiedlicher Marktsegmente lautet:

Die Mitglieder eines Marktsegmentes sind möglichst homogen und die Marktsegmente untereinander möglichst heterogen.

Sind die Marktsegmente bestimmt, so müssen die vorhandenen Informationen danach auch aufgesplittet werden. In der Regel wird man mit den Mittelwerten der einzelnen Marktsegmente arbeiten. Daneben kann es sinnvoll sein, sich nur auf die Opinion Leader (Meinungsführer), Doorkeeper (Gatekeeper, Türöffner) oder Innovatoren innerhalb der einzelnen Marktsegmente zu konzentrieren. Das Verhalten dieser Personen geht dem Verhalten der anderen Personen der entsprechenden Zielgruppen voraus. Der Opinion Leader gilt in seiner sozialen Gruppe als qualifiziert und kompetent, sodass die anderen Gruppenmitglieder auf sein Wort hören und entsprechend ihr Handeln anpassen.

5.3 Produktpolitik

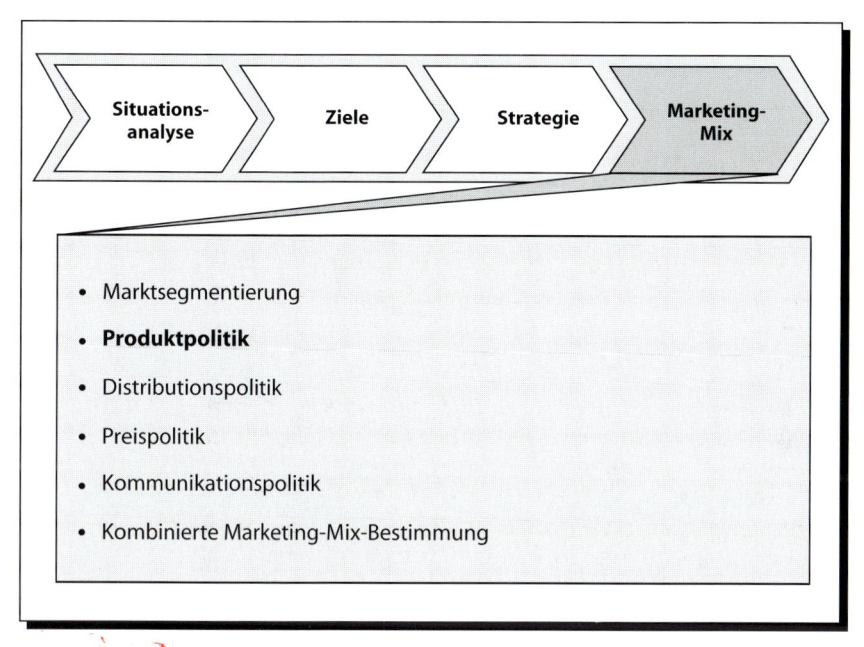

```
Situations-analyse  >  Ziele  >  Strategie  >  Marketing-Mix
```

- Marktsegmentierung
- **Produktpolitik**
- Distributionspolitik
- Preispolitik
- Kommunikationspolitik
- Kombinierte Marketing-Mix-Bestimmung

Abb. 63: Marketing-Mix – Produktpolitik

Die Produktpolitik hat zur Aufgabe, dem Kunden die Produkte und Leistungen zur Verfügung zu stellen, die seine Bedürfnisse optimal befriedigen. Der Begriff der Produktpolitik wird oft um Programmpolitik oder Leistungspolitik ergänzt. Dies soll besonders aufzeigen, dass es sich nicht nur um Hardwareprodukte handelt, sondern mehr und mehr auch um Dienstleistungen. Hinzu kommen rein digital als elektronischer Datensatz zum Beispiel im Internet vorhandene Produkte, die auch den physischen Ausgangsverständnissen eines Produktes widersprechen. Alle diese Produkte im weitesten Sinne stellen die Leistungen eines Unternehmens am Markt dar.

Eng verbunden mit der Definition dieses Instrumentalbereiches ist die Abgrenzung unterschiedlicher Güterarten und somit Produktarten:

▶ **Investitionsgüter**: Güter, die zur Erstellung von weiteren Gütern verwendet werden und somit nicht vom Verbraucher ge- oder verbraucht werden.
▶ **Konsumgüter**: Güter, die vom Verbraucher ge- oder verbraucht werden.

▶ **Dienstleistungen**: Immaterielle Güter, deren Erstellung immer an eine durch Menschen direkt erbrachte Leistung gebunden sind. Wichtigstes Charakteristikum: Nicht lagerfähig.

▶ **Immaterielle Güter**: Gütergruppe, die in der Regel an Investitionsgüter oder investive Dienstleistungen gekoppelt ist und keine materielle Form aufweist, wie z. B. Wissen oder Rechte.

Abb. 64: Produktpolitik (Seiler 1991, S. 172)

Es gibt einen großen Streit darüber, ob Konsumgütermarketing und Investitionsgütermarketing unterschiedlich sind. Im Kern, der Kunden-Lieferantenbeziehung, stimmen sie überein. Auch wenn im Investitionsgütermarketing Entscheidungen rationaler getroffen werden, ist die Entscheidung im Grunde auch von hoher Emotionalität beeinflusst. Somit ist das Grundverständnis des notwendigen Marketingkonzeptes gleich anzusetzen. Deshalb findet man auch mehr und mehr Styling und Design bei Maschinen, z. B. durch den Einsatz von Farben.

5.3.1 Grundsatzentscheidungen der Produktpolitik

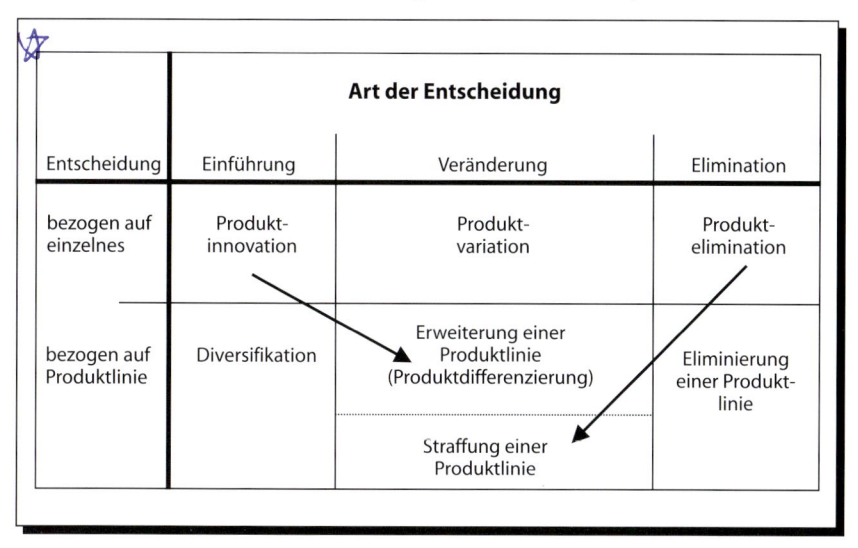

	Art der Entscheidung		
Entscheidung	Einführung	Veränderung	Elimination
bezogen auf einzelnes	Produkt-innovation	Produkt-variation	Produkt-elimination
bezogen auf Produktlinie	Diversifikation	Erweiterung einer Produktlinie (Produktdifferenzierung) / Straffung einer Produktlinie	Eliminierung einer Produkt-linie

Abb. 65: Grundsatzentscheidungen der Produktpolitik

Innerhalb der strategieunterstützenden Produktpolitik sind im Wesentlichen folgende grundlegenden Entscheidungen zu treffen:

- **Innovation:** Neuentwicklung und Einführung eines Produktes.
- **Variation:** Veränderung einiger Produktmerkmale, ohne das Basisprodukt grundsätzlich zu verändern.
- **Elimination:** Herausnahme eines nicht mehr wirtschaftlichen Produktes oder einer ganzen Produktlinie.
- **Diversifikation:** Hinzunahme einer neuen Produktlinie, die der bisherigen vor- oder nachgelagert (vertikale Diversifikation), parallel (horizontale Diversifikation) oder völlig unabhängig von der bisherigen Produktlinie (laterale Diversifikation) sein kann.
- **Produktdifferenzierung:** Erweiterung einer Produktlinie durch weitere Produkte.
- **Straffung der Produktlinie**: Eliminierung einzelner Produkte aus einer Produktlinie.

5.3.1.1 Produktinnovation

Unternehmen können nur über den Verkauf von vorhandenen Produkten am Markt Einnahmen erzielen und somit erfolgreich sein. Deshalb steht jedes Unternehmen vor der Entscheidung, für neue Produkte und somit auch für Innovationen von Zeit zu Zeit Investionen zur Verfügung zu stellen. Typische Gründe für die konkrete Produktinnovation sind:

- **Ende des Produktlebenszyklus**: Das oder die bestehenden Produkte haben die letzte Phase der Degeneration erreicht.
- **Wettbewerbsdruck**: Der Wettbewerb hat jüngere Produkte, eigene neue Produkte in den Markt gebracht oder entwickelt neue Produkte.
- **Gesetzliche Auflagen**: Insbesondere Umwelt- und Sicherheitsvorschriften zwingen zur Entwicklung neuer Produkte, da sonst ein Verbot der bisherigen Produkte in der Zukunft droht.
- **Veränderungen im Konsumentenverhalten**: Die Kunden ändern ihr Kaufverhalten so, dass die eigenen Produkte den Kundenbedürfnissen nicht mehr entsprechen.
- **Rohstoffknappheit** (steigende Rohstoffkosten): Die Beschaffung der Rohstoffe verteuert sich oder ist aufgrund fehlender Rohstoffe gar nicht mehr möglich. Dies bedingt eine frühzeitige Produktentwicklung mit der Verwendung geringerer Ressourcen oder anderer, vorhandener Ressourcen.
- **Neue Technologien**: Neue Technologien ermöglichen einen völlig neuen Kundennutzen, andere Fertigungsmöglichkeiten oder höherwertige Qualitäten z. B. zu niedrigeren Preisen.

Die Gestaltung und Ausprägungen von Innovationen erfolgen nach drei Dimensionen:

- **Gegenstand der Innovation**: Produkt (Leistung) oder Verfahren.
- **Neuigkeitsgrad der Innovation**: Grundlegende Basis oder Verbesserung.
- **Veränderung im Unternehmen**: Radikal (umfassend) oder inkremental (gering).

Praxisbeispiel *Smart: Der Innovationsbaukasten gibt die Möglichkeiten der Innovation wieder. So ist z. B. die Lasertechnik eine Verfahrensinnovation im Automobilbau gewesen, während eine verzinkte Karosserie eine Produktinnovation war. Diese war allerdings nur eine Verbesserungsinnovation, während z. B. ein Wankelmotor eine Basisinnovation war. Beim Smart von Daimler Benz ist es schwieriger. Sicherlich eine Produktinnovation: aber: Verbesserung oder Basis? Im Unternehmen und dort vor allem im Vertrieb stellt dieser Fahrzeugtyp eine*

Produktpolitik

radikale Innovation dar. Man stelle sich nur einen Smartkäufer neben einem S-Klasse-Käufer vor.

Der eher technisch orientierte Innovationsbaukasten übersieht noch eine vierte Dimension, die vor allem Bestandteil der Produktinnovation ist:

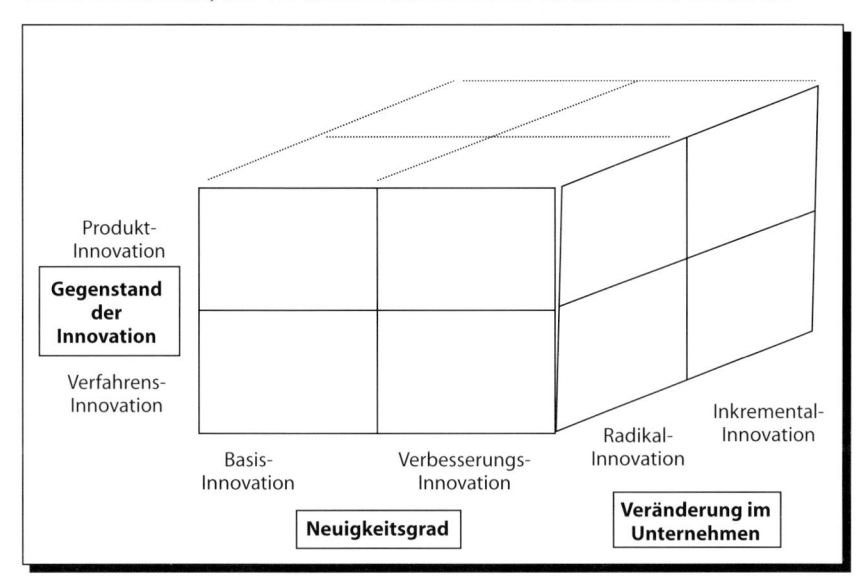

Abb. 66: Innovationsbaukasten

▶ **Neuigkeitsgrad**: Reale »neue« Innovation oder über die Kommunikationspolitik als »neu« vermittelte Innovation.

Praxisbeispiele: *Insbesondere bei den Gütern des täglichen oder wöchentlichen Verbrauchs sind echte Innovationen schwierig. Trotzdem müssen die Produktmanager diesen Marken immer wieder einen »Neuigkeitsgrad« einhauchen. Klassisches Beispiel ist der Waschpulvermarkt, auf dem fast permanent neue Produkte angepriesen werden, obwohl die »alten« auch schon weißer als weiß wuschen.*

Wird am Ende des Produktlebenszyklusses statt Eliminierung die Relaunchstrategie gewählt, kann es vorkommen, dass statt echter Produktveränderungen nur das Image über Kommunikation verändert wird. Klassisch hierfür ist der Biermarkt. Da kaum ein Kunde wirklich Geschmacksunterschiede zwischen den tausenden von Biermarken in Deutschland feststellen kann, ist eine wirkliche Produktänderung nicht sonderlich hilfreich. Deshalb hat auch kaum eine Biermarke bei der bevorzugten Premiumstrategie das Produkt verändert oder verbessert.

Marketing-Mix

Eine Dortmunder Brauerei, die auch die Kosten für eine neue Flaschenform scheute, versuchte den neuen, innovativen Aufstieg in die Premiumklasse durch veränderte, mit edleren Etiketten, auch »Premium by labeling« genannt. Die Marke hat zwar überlebt, auf dem ehemaligen Unternehmensgelände entstehen jetzt allerdings Altenheime.

Da jedes Unternehmen Innovationen früher oder später benötigt, stellt sich die Frage nach dem Weg einer erfolgsversprechenden Innovation. Diesen Weg stellt der Innovationsprozess dar, der überwiegend aus sechs Phasen besteht.

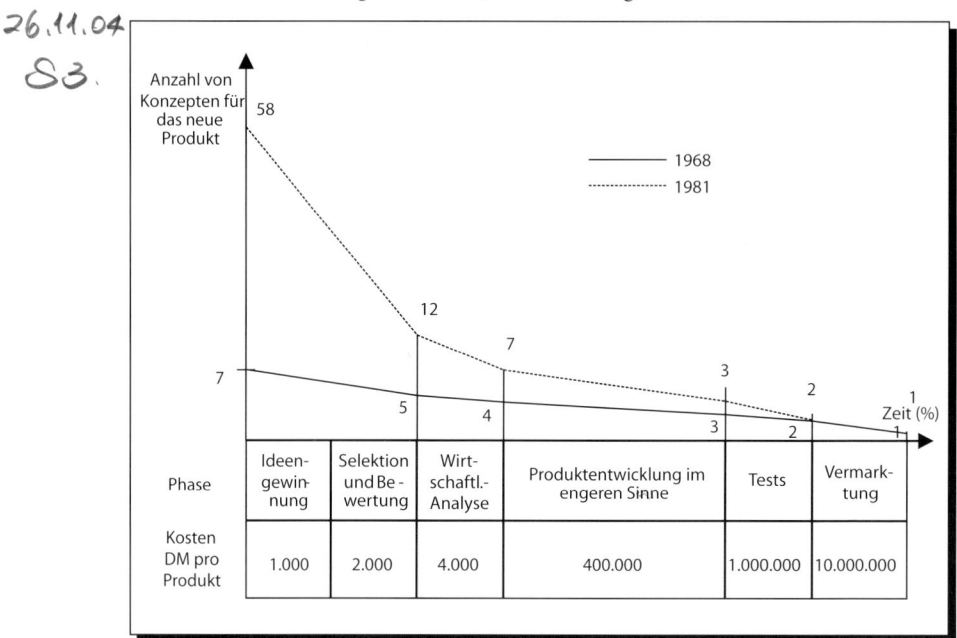

Phase	Ideen-gewinnung	Selektion und Bewertung	Wirtschaftl.-Analyse	Produktentwicklung im engeren Sinne	Tests	Vermarktung
Kosten DM pro Produkt	1.000	2.000	4.000	400.000	1.000.000	10.000.000

Abb. 67: Produktentwicklungsprozess (Booz/Allen/Hamilton 1982)

Praxisbeispiele: *Die Wichtigkeit permanenter Innovationen zeigt insbesondere die Konsumgüterindustrie. Im Lebensmittelbereich z. B. sind 90 % der in einem Jahr neu in den Markt kommenden Produkte nach 2 Jahren nicht mehr am Markt. Dies betrifft auch alle erfolgreichen Marken wie Milka, Mars oder Ferrero. Somit ergibt sich der Zwang zur permanenten Innovation. Man könnte natürlich auch statistisch argumentieren und sagen, bringen wir zehn Produkte in den Markt. Eins davon wird schon erfolgreich. Allerdings kann sich kein Unternehmen eine solche »Wahrscheinlichkeitsstrategie« leisten.*

Eine Untersuchung der Unternehmensberatung Booz-Allen-Hamilton zeigt den Trend zu steigender Diskrepanz zwischen guten Ideen und erfolgreichen

Produkten. Es wird immer wichtiger, die Zahl der Ideen zu erhöhen und schneller auf den Markt zu bringen. Auch zeigt die Erhebung, dass die Kosten in den ersten drei Phasen der Entwicklung deutlich niedriger sind als in den letzten Phasen. Deshalb bedeutet eine erfolgreiche Innovation immer eine besonders gute Arbeit in den ersten Phasen. Oder auch: Die Behebung von Fehlern wird von Phase zu Phase teurer.

▸ **Ideengenerierung**
Ideen werden mit Hilfe der Kreativitätstechniken der Marktforschung gewonnen (siehe Kapitel 4.4.: Kreative Strategieentwicklung). Grundsätzlich gibt es die Möglichkeit über eher intuitive Verfahren wie dem Brainstorming oder systematischen Verfahren wie dem Morphologischen Kasten zu vielen Ideen zu kommen. Ziel der Ideengenerierung ist es, möglichst viele Ideen zu erzeugen.

▸ **Selektion und Bewertung (Vorauswahl)**
Über Punktbewertungsverfahren (Screening- und Scoringmodelle), Checklisten, Bewertungsskalen oder Expertenbefragungen wird eine grobe Vorauswahl der vielen Ideen getroffen. Danach bleiben nur maximal 10 % der Ideen übrig.

▸ **Wirtschaftlichkeitsanalyse**
Nur die vorausgewählten Ideen werden einer vollständigen Wirtschaftlichkeitsanalyse (z. B. Break-Even-Analyse, Pay-off-Rechnung, Kapitalwertmethode) unterzogen, die oft auch eine Machbarkeitsstudie enthält. Da beides Geld und Zeit kostet, kann dies nur für eine Hand voll Ideen pro Jahr durchgeführt werden.

▸ **Produktentwicklung im engeren Sinne**
Für eine kleine Anzahl von Produktideen beginnt danach tatsächlich die Entwicklung der Produkte mit der Konstruktion und dem Prototypenbau bis zur Übergabe an die Fertigung.

▸ **Tests**
Parallel zur Produktentwicklung im engeren Sinne werden die jeweilgen Entwicklungsschritte sowohl technisch wie auch bezüglich der Kundenakzeptanz mit den Testverfahren der Marktforschung überprüft. Gegebenenfalls können noch Produktänderungen vorgenommen werden.

▸ **Einführung**
Die Einführungsphase als letzte Phase des Innovationsprozesses ist identisch mit der ersten Phase des Produktlebenszyklusprozesses. Produktion, Distribution und vor allem Kommunikation werden aufeinander abgestimmt, sodass ein optimaler Start der innovativen Produktleistung gelingt.

5.3.1.2 Produktvariation

Die Produktvariation unterscheidet sich von der Produktinnovation durch folgende Besonderheiten:

1. Produkt ist schon vorhanden.
2. Investitionsvolumen ist geringer.
3. Kundenwunsch ist latent vorhanden.
4. Wettbewerb bleibt, aber: Bei Innovation verstärkter Wettbewerb!

Es wird nicht ein völlig neues Produkt entwickelt und auf den Markt gebracht, sondern ein Bestandteil der Produktqualität wird verändert:

- Funktionelle Eigenschaften des Produktes.
- Physische Eigenschaften.
- Design, Stil, Farbe.
- Image.
- Gesamtnutzen durch Gewährung von Zusatzleistungen.
- Variation des Namens bzw. der Marke.

Hat man eine erfolgreiche Marke, z. B. ein Duschgel, möchte man natürlich damit noch mehr Geld verdienen. Wie kann man aus der Marke noch mehr Profit ziehen? Eine Möglichkeit ist, weitere Varianten mit unterschiedlichen Duftnoten anzubieten. Diese »Line Extension« hat allerdings auch einen Nachteil. Der Markenkern, das was die Marke letztendlich ausmacht, wird verwischt. Der Kunde verliert irgendwann den Überblick. Oder kennt jemand alle augenblicklichen Versionen der Marke Fanta? Da kann man schon mal zur verkehrten greifen.

5.3.1.3 Produktelimination

Die ungünstigste Grundsatzentscheidung der Produktpolitik stellt die Eliminierung eines Produktes aus dem Produktprogramm dar. Gründe können sein:

1. Keine Kunden, kein Wachstum mehr.
2. Stärker werdender Wettbewerb.
3. Veraltete Technologie.
4. Kein Investitionspotenzial vorhanden.
5. Kein ROI erkennbar, nicht profitabel.

Das Produkt hat somit die letzte Phase des Produktlebenszyklusses erreicht. Wenn nicht die Relaunchstrategie gewählt wurde, muss das Produkt aus dem

Markt verschwinden. Dies setzt Kräfte und Investitionen frei für Innovationen.

Wer trennt sich schon gerne von einem liebgewordenen Produkt oder einer liebgewordenen Marke. Doch diese bindet Zeit, Aufmerksamkeit, Energie und Kapital. Ein Grund, weshalb man sich trotzdem oft nicht trennt, sind staatliche Subventionen und Schutzgesetze. In der EU sind dabei Beispiele Legion, Pastawaren in Italien, Bier in Deutschland oder bestimmte Wurstwaren in England, die nun langsam verschwinden.

5.3.1.4 Diversifikation

Die Entscheidung zur Diversifikation (siehe auch Kapitel 4.3 Standardstrategien) betrifft die Innovation in neue, teilweise unbekannte Märkte. Alle drei Diversifikationsarten sind mit großen Risiken behaftet und werden in der Regel dann unternommen, wenn in den bisherigen Märkten keine Zuwächse zu erwarten sind und genügend Geld für Investitionen zur Verfügung stehen. Unterschieden werden muss auch, ob die Diversifikation über eigene neue Produktionsstätten geschieht, oder das Unternehmen über Beteiligungen und Aufkäufe diversifiziert. Der wichtigste Grund der Diversifikation ist allerdings, dass ein Unternehmen in dem angestammten Produktbereich keinerlei Wachstumsmöglichkeiten mehr sieht. Wenn alle regionalen und internationalen Märkte belegt sind, muss es folgerichtig diversifizieren, wenn die eigenen Wachstumsziele erreicht werden sollen.

Praxisbeispiele: *Ende der 70er Jahre waren vor allem die Automobilkonzerne die größten Diversifizierer. Man hatte eine Menge Geld, aber sah wenig Sinn, diese Gelder in den Automobilmarkt zu stecken. So investierte VW in Nixdorf, Mercedes in Olympia oder BMW in Loewe-Opta. BMW besitzt heute noch Anteile an Loewe-Opta. Die anderen beiden Diversifikationen waren nicht erfolgreich.*

5.3.2 Instrumente der Produktpolitik

Die einzelnen produktpolitischen Instrumente werden anhand der klassischen Einteilung dargestellt. Daran nachfolgend werden die neuen oder inzwischen zu eigenständigen Instrumenten aufgestiegenen produktpolitischen Instrumente aufgezeigt.

5.3.2.1 Qualität

26.11.04 S4

Was bedeutet Qualität?

Die Qualität eines Produktes betrifft alle funktionalen und technischen Produkteigenschaften. Zu nennen sind:

- Performance
- Ausstattung
- Umweltverträglichkeit
- Individualisierbarkeit
- Design, ästhetische Form
- Konstruktion
- Nutzen
- Lebensdauer
- Gesundheitliche Sicherheit
- Ausfallsicherheit, Haltbarkeit und Zuverlässigkeit
- Beanspruchbarkeit
- Sicherheit

Dem Design und der äußeren Ästhetik werden vielfach aufgrund seiner Wichtigkeit ein Status als eigenständiges Instrument der Produktpolitik zugesprochen.

Für die Einschätzung der Qualität der eigenen Produkte ist neben diesen eher faktischen Bestandteilen, die überwiegend auch über gesetzliche Vorschriften erzwungen werden, auch die Ansicht der Kunden wichtig. Die ideale Qualität ist eine Kombination aus real vorhandener mit durch den Kunden vermuteter Qualität.

Die Produktqualität hat die Aufgabe, dem Kunden die Produkteigenschaften zu geben, die er nachgefragt hat, damit er zufrieden ist und der Marke treu bleibt und wiederkauft. Deshalb erweitern die Unternehmen unter dem Stichwort »More than expected« die Qualität über die Erwartungen hinaus, sodass der Kunde positiv überrascht wird.

Das Problem mit der Qualität ist, dass sich die Kundenerwartungen ändern. So ist Deutschland klassisch gesehen eine Dienstleistungswüste. Von Verkäufern schlecht behandelt zu werden, wurde immer als normal empfunden. Aufgrund der Reiselust der Deutschen haben diese in den USA oder in Asien freundliche Verkäufer und ein hohes Dienstleistungsniveau kennengelernt, dass sie plötzlich auch in Deutschland erwarten. Amerikanische Unternehmen wie Wal Mart versuchen dieses System in Deutschland einzuführen, mit z. B. dauernd lächelnden Verkäuferinnen und typischen Fragen wie »Wie geht's?« oder »Was kann ich für Sie tun?«. Interessanterweise ist in den USA aufgrund der Vollbeschäftigung diese

Art der Dienstleistungsfreundlichkeit rückläufig. Man findet nicht genügend motiviertes Personal. Bei den Mindestlöhnen auch kein Wunder.

5.3.2.2 Sortiment

Die Bezeichnung Sortiment stammt aus dem Handel und beschreibt das komplette Angebot. Beim Unternehmen handelt es sich entsprechend um das Produktprogramm. Beide Begriffe unterscheiden sich in zwei Arten:

- **Breite** des Produktprogrammes oder Sortimentes: Anzahl der unterschiedlichen Produkte oder Produktgruppen.
- **Tiefe** des Produktprogrammes oder Sortimentes: Anzahl der Varianten pro Produkt oder Produktgruppe.

Das Sortiment und das Produktprogramm sollen den individuellen oder kundengruppenbezogenen Wünschen Rechnung tragen. Ein breites Programm deckt viele Kunden und viele Kundensegmente ab.

In der DDR reichten zwei Automodelle, um die Fortbewegung eines Landes zu gewährleisten. Es gibt aber nicht nur zwei Kundengruppen mit zwei unterschiedlichen Bedürfnisstrukturen. Es gibt nicht den Durchschnittskunden, der ein Durchschnittsauto möchte. Deshalb ist das Produktprogramm in der Automobilindustrie breit und tief. Anfang der 90er Jahre haben amerikanische Unternehmen aufgrund des Kosten- und Qualitätsdruckes aus Japan diese Vielfalt stark reduziert. Ford z. B. hat mit dem Scorpio eine komplette Produktlinie eingestampft. Mercedes Benz hat im selben Zeitraum das Produktprogramm ausgeweitet. Mit dem SLK, der A-Klasse, dem Smart u. a. wurde die Produktpalette verbreitert. Wer war erfolgreicher?

5.3.2.3 Marke

Das zentrale Instrument der Produktpolitik ist die Marke. Dieses bedeutet die Markierung der Produkte zur Unterscheidung der Produkte gegenüber der Konkurrenz und der Wiedererkennung durch den Kunden. Mögliche Arten sind:

- **Unternehmensart**: Herstellermarke, Handelsmarken.
- **Umfang**: Einzelmarke (Mono-Marken), Produktgruppenmarken, Markenfamilien, Range-Marken, Produktlinien (Nivea, Du darfst, Schneekoppe).

▶ **Bereich**: Produktmarken, Programmmarken, Dachmarken, Firmenmarken, Company-Marken (BMW), Markensysteme (Camel, Etienne Aigner, Cardin).

Die Marke hat die Aufgabe, im Unterbewusstsein des Kunden die Kaufentscheidung zu dem eigenen Produkt zu veranlassen. Dies funktioniert nur über das Image des Produktes. Dies entspricht dem Bild, welches sich der Kunde von dem Produkt macht. Somit beinhaltet die Marke nicht nur die faktischen Qualitätsanmutungen, sondern vor allem die mit Hilfe der kommunikationspolitischen Instrumente erzeugten Markenwelten um die Funktionen herum. Der Erfolg der Marke hängt davon ab, ob diese Anmutung und dieses Image über zeitliche und geografische Dimensionen durchgehalten wird.

Praxisbeispiele: *Coca Cola schmeckt überall auf der Welt gleich. Darauf kann sich der Kunde verlassen. Wenn er Fanta bestellt, so bekommt er weltweit eine Flüssigkeit in unterschiedlichsten Farben und unterschiedlichsten Geschmacksrichtungen. BMW fährt in England eine andere Kommunikationsstrategie. Dort ist der BMW noch eher die klassische Macho-Maschine. Ein Problem für BMW-Fahrer, die oft von England auf den Kontinent pendeln.*

5.3.2.4 Service und Kundendienst

Um den eigentlichen Produktnutzen herum erwartet der Kunde vom Hersteller von Menschen erbrachte Dienstleistungen, die mit dem Produktpreis bereits abgegolten sind. Service und Kundendienst sind also nicht extra bezahlte Dienstleistungen. Mögliche Alternativen sind:

▶ **Technischer Kundendienst**: Gewährleistung der Funktionserfüllung, Informationsgewinnung, Absatz von Neu- oder Ersatzprodukten, Ersatzteilverkauf, technische Beratung, Installation, Anwendungsunterweisung, Dokumentation, Inspektion, Ersatzteildienst, Reparaturdienst und Entsorgung teilweise auch aufgrund gesetzlicher Bestimmungen, muss erbracht werden.

▶ **Kaufmännischer Kundendienst**: Einkaufserleichterungen, Beratungs- und Informationsdienste, Zustelldienste, Gefälligkeiten, Extraleistungen, Übergabe (VW-Stadt), Inzahlungnahme eines alten Produktes, Kulanz.

Der Service hat die Aufgabe, dem einzelnen individuellen Kunden beim und nach dem Kauf ein gutes Gefühl zu geben und ihm bei allen Problemen zu helfen. Damit wird höchste Zufriedenheit, hohe Markentreue und eine hohe Wiederkaufsrate erreicht. Investitionen in den Service sind deshalb meist kostengünstiger als Investitionen in den Vertrieb für Akquisitionen neuer Kunden.

Einen zufriedenen Kunden zu pflegen und zu einem neuen Produktkauf anzuregen ist etwa 90 % günstiger als die Akquisition und Gewinnung eines neuen Kunden. Dieser muss sicherlich erst dem Wettbewerb entrissen werden, während der eigene Kunde schon beim Unternehmen ist.

5.3.2.5 Verpackung

Die Verpackung umhüllt das Packgut. Meist wird beides zusammen auch Verpackung genannt. Die Verpackung hat folgende Aufgaben:

- **Schutz- und Transportfunktion:** Genormte Größen und geeignete Materialien zum optimalen Transport.
- **Verkaufseinheitsfunktion:** Portionierungs- und Verbrauchsfunktion: Familien-, Vorrats-, Einpersonenpackung, Dimensionierung für den Verkaufsakt.
- **Informationsfunktion**: Gebrauchsanleitung, Verfallsdatum, Warenwirtschaft, Strichcode, Rationalisierung.
- **Kommunikationsfunktion**: Identifikation, Markierung, Werbebotschaften, Selbstpräsentation.
- **Verkaufsfunktion**, Medium der Verkaufsförderung: Aufmerksamkeit am POS, Selbstbedienung, Automatenverkauf.
- **Vermittlung von Zusatznutzen**: Geschenkverpackung, Becher, Gläser, Bier.
- **Qualitätsbestandteil**: Ge- oder Verbrauchserleichterung.

5.3.2.6 Garantie & Gewährleistungen

Garantie und Gewährleistungen sind einklagbare Rechte des Kunden. Allerdings kann ein Unternehmen diesen Schutz freiwillig ausweiten und zeitlich verlängern.

Praxisbeispiel *Lands-End: Das bekannteste Beispiel dafür ist der US-amerikanische Bekleidungsversand Lands-End. Dieses Unternehmen garantiert ein lebenslanges Rückgaberecht.*

5.4 Distributionspolitik

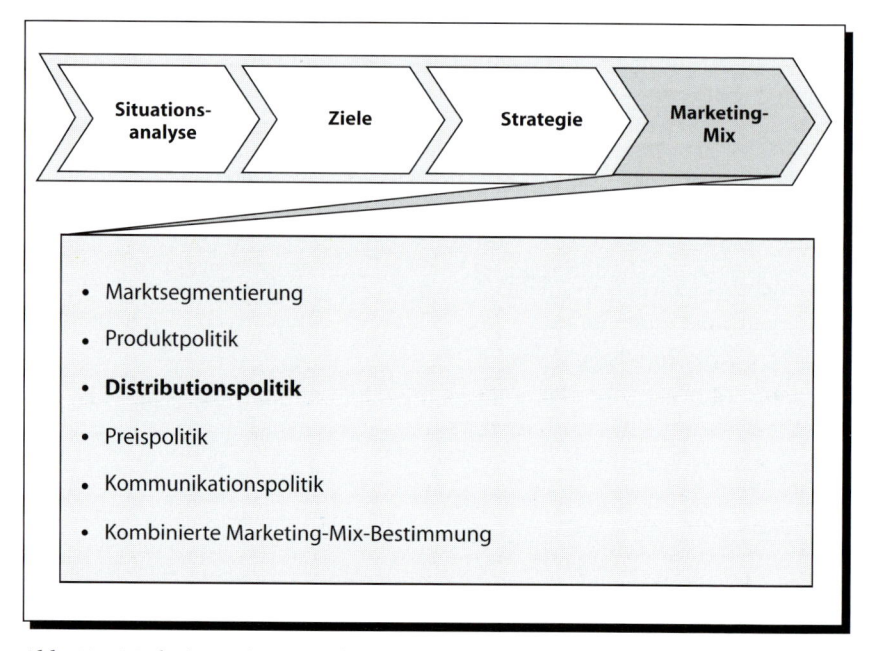

```
[Situationsanalyse] → [Ziele] → [Strategie] → [Marketing-Mix]
```

- Marktsegmentierung
- Produktpolitik
- **Distributionspolitik**
- Preispolitik
- Kommunikationspolitik
- Kombinierte Marketing-Mix-Bestimmung

Abb. 68: Marketing-Mix – Distributionspolitik

Die Distributionspolitik sorgt dafür, dass die Kunden das gewünschte Produkt des Unternehmens zur rechten Zeit, am rechten Ort, in der richtigen Menge und Qualität bekommen. Somit umschließt dies alle Aktivitäten, die mit der Verteilung der Produkte vom Hersteller zum Kunden beschäftigt sind. Diese schließen eine organisatorische Komponente (Einsatz von Absatzmittlern und Absatzwegen) und eine physische Komponente (Logistik) ein.

5.4.1 Grundsatzentscheidungen der Distributionspolitik

Die wesentliche Grundsatzentscheidung der Distributionspolitik entspricht der klassischen betriebswirtschaftlichen Entscheidung »Make-or-buy«. Soll ein eigener Vertrieb aufgebaut werden oder sollen Absatzmittler unterschiedlicher Absatzkanäle genutzt werden? Soll eine eigene logistische Kette aufgebaut oder die komplette Logistikkette »ausgesourct« werden? Die wichtigste Grundsatzentscheidung betrifft die Frage nach direktem oder indirektem Distributions- oder auch Vertriebskanal. Die Gründe dafür sind:

- **Langfristigkeit der** Entscheidung: Der Aufbau eines Kanals ist mit hohen Investitionen verbunden. Damit verbietet sich ein kurzfristiger Wechsel.
- **Nachfragemacht des** indirekten Kanals: Entscheidungen für einen direkten Vertrieb sind gefährlich, wenn z. B. der Handel als klassischer Vertreter des indirekten Absatzweges eine hohe Marktmacht ausübt.

Der direkte Absatzkanal weist folgende Vorteile auf:

- Unmittelbare Kontrolle des Absatzgeschehens
- Unmittelbare Kommunikation mit dem Endabnehmer

Gründe für den indirekten Vertrieb über Absatzmittler sind:

- Fehlende finanzielle Mittel
- Fehlende Sortimentsbreite
- Ungünstige Distributionskosten
- Unabhängige Stellung des Zwischenhändlers
- Ausnützung der lokalen Verhältnisse
- Breite Massendistribution möglich
- Abwälzung der Absatzfunktion auf Handel und Absatzmittler
- Aufwand und Kosten

Eine wichtige Entscheidungsgrundlage für direkt oder indirekt ist die bestehende **Marktmachtverteilung** zwischen Hersteller und Handel in der individuellen Marktsituation. Zu unterscheiden sind:

- **Entlohnungsmacht**: Für die Übernahme bestimmter Leistungen zahlt ein Mitglied des Absatzkanals einem anderen eine Entlohnung.
- **Vertragsmacht**: Über Verträge können Mitglieder des Absatzkanals gebunden und somit unfrei in der Entscheidung der Kooperation und Zusammenarbeit mit einem anderen Mitglied des Absatzkanals sein.
- **Know-how-Macht**: Know-how bezüglich des technischen Verständnisses und bezüglich der Kundenkenntnis sind beim Hersteller und beim Handel unterschiedlich ausgeprägt.
- **Imagemacht**: Der Markenname und die Kundenbindung eines Absatzkanalmitglieds lenkt die Absatzkanalentscheidung.

In der Praxis ist die Frage direkt oder indirekt keine freie Entscheidung der Unternehmen, sondern eine Frage der Absatzmacht. Gerade durch die Möglichkeiten des Internets einfach und preiswert direkt mit dem Kunden kommunizieren und somit ihm auch die eigenen Produkte verkaufen zu können, liegt es nahe, dass jedes Unternehmen mit dem Gedanken spielt, direkt zu vermarkten. Doch so hat z. B. der Buchhandel noch eine solche Macht, dass die Verlage sich scheuen,

Marketing-Mix

den Schritt zum direkten Absatz zu gehen. Noch schwieriger ist die Situation im Automobilhandel. Vor zwei Jahren sagten alle Automobilhersteller, dass man auf keinen Fall direkt verkaufen werde. Heute wird schon direkt darüber gesprochen, in zwei Jahren wird es Tagesgeschäft sein. Doch was macht man in der Übergangszeit, wo motivierte Automobilhändler benötigt werden, wenn ihnen das Aus droht?

5.4.2 Instrumente der Distributionspolitik

Abb. 69: Absatzkanal und Logistik (Seiler 1991, S. 262)

5.4.2.1 Logistik

Unter Logistik werden im Rahmen des Marketing alle Aktivitäten und Maßnahmen verstanden, die dafür sorgen, dass die richtigen Waren die Kunden physisch im richtigen Zustand, zur richtigen Zeit, am richtigen Ort und in der richtigen Menge erreichen. Dies kann die folgenden einzelnen Aufgaben umfassen:

- **Be- und Entladen**: Die Produkte müssen aus dem Lager auf Transportmittel geladen und beim Kunden wieder entladen werden.
- **Entsorgung**: Verpackungsmaterial, Verbrauchsmaterial und mehr und mehr auch die Waren selber müssen nach Gebrauch entsorgt werden.
- **Kommisionierung**: Zusammenstellen eines Auftrages.
- **Lagerhaltung**: Damit der Kunde schnell an seine Ware kommt, sollte sie im ausreichenden Umfang möglichst in seiner Nähe vorgehalten werden.
- **Leergut-Rücknahme**: Entgegennahme des Leerguts oder wiederverwendeter Verpackungen und Transportbehältnisse beim Kunden.
- **Lieferservice**: Weitere Services wie Beratung vor Ort oder Aufbauservice.
- **Manipulierung**: »Handanlegen« vor der Auslieferung.
- **Abholservice**: Problematische Ware wird vom Logostikunternehmen beim Kunden wieder abgeholt.
- **Transport**: Wichtigste Funktion der Logistik, physicher Transport der Ware vom Lager zum Kunden.
- **Verpacken**: Neben der Transportverpackung Übernahme von individuellen Kundenverpackungen.

5.4.2.2 Absatzkanalwahl

Ein Absatzkanal stellt den organisatorischen Weg, die Nutzung von Absatzmittlern und Handelsbetrieben dar, um den Absatz zwischen dem Hersteller und dem Kunden direkt oder indirekt zu sichern. Typische Absatzmittler und Handelsformen sind:

- **Agentur**: Betriebsform eines Handelsvertreters. Hierbei kommt der Kunde in der Regel in den Betrieb. Beispiel: Versicherungsagenturen.
- **Automatenverkauf**: An Plätzen mit starker Kundenfrequenz aufgestellte automatische Verkaufsgeräte. Beispiel: Zigarettenautomat.
- **Club-System**: An eine Mitgliedschaft gebundene Handelsform. Beispiel: Buchclub.
- **Einzelhandel**: Selbstständige Gewerbeform mit eigenem Betrieb. Der Händler kauft und verkauft auf eigene Rechnung und in voller unternehmerischer Wahlfreiheit Waren. Typische Arten sind: Gemischtwarengeschäft, Verkaufsstände, Lagerverkauf, Lebensmittel-Discounter, Supermärkte, Kaufhaus, Fachgeschäft, SB-Warenhaus/Verbrauchermärkte, Lebensmittelfachhandel, Versandhandel.
- **Einzelhandel/Vertragshändler**: Selbstständiger Gewerbetreibender, der mit einem oder mehreren Herstellern einen Händlervertrag abgeschlossen

hat, der neben Rechten i. d. R. auch Einschränkungen beim Verkauf der Wettbewerbsprodukte enthält. Beispiel: Automobilhändler.
- **Internet-Shop**: Elektronischer Versandhandel über das Internet. Für den Nutzer ist meistens nicht klar zu unterscheiden, ob es sich um eine elektronische Niederlassung, einen elektronischen Handelsbetrieb oder »Intermediäre« (Makler) handelt. Beispiel: bol.de, autoscout24.de, autobytel.com.
- **Factory-Outlets**: Einzelne Lagerverkaufsniederlassungen von Herstellern. Entweder als direkter Werksverkauf oder durch Bündelung mit anderen Herstellern in Factory-Outlet-Centern. Beispiel: Lloyds in Sulingen.
- **Franchise-Nehmer**: Selbstständiger Gewerbetreibender mit eigener Betriebsstätte, der mit einem Franchise-Geber einen Franchise-Vertrag geschlossen hat. Der Franchise-Geber liefert vor allem die Produkte, die Kommunikation, die Betriebsausstattung und Logisitk. Beispiel: Benneton.
- **Großhandel**: Selbstständiger Gewerbetreibender mit eigener Betriebsstätte, der in der Regel als Kunden Einzelhändler hat. Arten sind: Abhol-, Zustell-, Universal-, Spezialgroßhandel, Rack-Jobber. Beispiel: Lebensmittelgroßmärkte.
- **Handelsvertreter** (Agent): Selbstständiger Gewerbetreibender ohne Betriebsstätte, der zum Kunden hingeht. Arbeitet auf Provisionsbasis als Einfirmen- und Mehrfirmenvertreter. Beispiel: Bausparkassenvertreter.
- **Kommissionäre**: Selbstständiger Gewerbetreibender, Partner von Fall zu Fall. Geht keine feste vertragliche Bindung mit einem Partner ein. Die Besonderheit ist, dass der Kommissionär nur die Ware bezahlt, die er wirklich verkauft hat. Die unverkäufliche Ware gibt er wieder zurück. Beispiel: Zeitungshandel.
- **Makler**: Selbstständige Vermittler zwischen Unternehmen und Kunden. Mehr und mehr im Internet als Betreiber von Marktplätzen und Börsen. Beispiel: Grundstücksmakler, mobile.de.
- **Marktveranstaltung**: Selbstständiger Gewerbebetrieb, der Börsen, Ausstellungen, Versteigerungen, Wochenmärkte oder Messen veranstaltet. Beispiel: Sotheby, ebay.com.
- **Multi-level-Marketing** (Strukturvertrieb): Hierarchisches Vertriebssystem selbstständiger Handelsvertreter, bei denen höhere Provisionen dadurch erlangt werden, wenn weitere neue Handelsvertreter angeworben werden, an deren Umsätzen man wiederum partizipiert. Beispiel: Avon, AWD, Tupper-Ware.
- **Pächter**: Selbstständiger Gewerbetreibender mit großer Einschränkung der unternehmerischen Handlungsfreiheit, der einen voll ausgestatteten Betrieb und weitere Marketingdienstleistungen pachtet. Beispiel: Tankstellen.

- **Reisender**: Angestellter Verkäufer, der zu den Kunden reist.
- **Sammelbesteller**: Meist nebenberuflich selbstständiger Gewerbetreibender, der Bestellungen mehrerer Kunden bündelt. Beispiel: Quelle.
- **Straßenverkauf**: Selbstständiger Gewerbebetrieb ohne Betriebsstätte. Kundenansprache und Verkauf auf öffentlichen Plätzen und in Einkaufsstraßen. Beispiel: Abonenntenwerber.
- **Verkaufsfahrer**: Selbstständiger Gewerbetreibender, der als Franchise-Nehmer oder sonstigen Vertragspartner eines Unternehmens Produkte direkt zum Kunden ausliefert und gleich wieder eine Bestellung aufnimmt oder direkt vom Wagen verkauft. Beispiel: Lebensmittelhändler, Bofrost.
- **Verkaufsniederlassung** (Filiale): Handelsbetrieb, der vom Unternehmen unter eigener Firma selbst geführt wird. Beispiel: BMW-Niederlassungen.
- **Versandhandel**: Selbstständiger Gewerbetrieb ohne eigene Verkaufsstätte, der per Katalog oder Internet Waren anbietet und per Post oder anderen Logistikunternehmen ausliefert. Beispiel: Otto, Quelle.

Die wichtigsten Aufgaben der Absatzmittler und Handelsbetriebe sind:

- **Beratungsfunktion**: Persönliche, auf die Wünsche des Kunden eingehende individuelle Verkaufs- und Gebrauchsberatung.
- **Eigentumsübergabe**: Rechtliche Übereignung der Ware an den Kunden durch den Abschluss eines Kaufvertrages.
- **Geldmittelfluss**: Übernahme der Zahlungsfunktion und der Geldtransaktion.
- **Kreditfunktion**: Übernahme der Finanzierung gegenüber dem Kunden.
- **Physischer Warenfluss**: Aushändigung der Ware gegenüber dem Kunden.
- **Qualitätsfunktion**: Sicherstellung der Qualität vor Ort.
- **Quantitätsfunktion**: Bereitstellung der Produkte in einer für den Kunden gewünschten eher geringen Anzahl.
- **Räumliche Handelsfunktion**: Überbrückung der räumlichen Distanz zwischen dem einen Ort der Herstellung und den vielen Orten der Käufer.
- **Sortimentsfunktion**: Breites und tiefes vom Kunden nachgefragtes Produktangebot (Sortiment), welches der Hersteller selber nicht anbieten könnte.
- **Werbefunktion**: Kommunikation der Werbebotschaften und Produktinformationen vor Ort gegenüber den Kunden.
- **Zeitliche Handelsfunktion**: Überbrückung der zeitlichen Differenz zwischen Herstellung und Nachfrage durch den Kunden.

5.5 Preispolitik

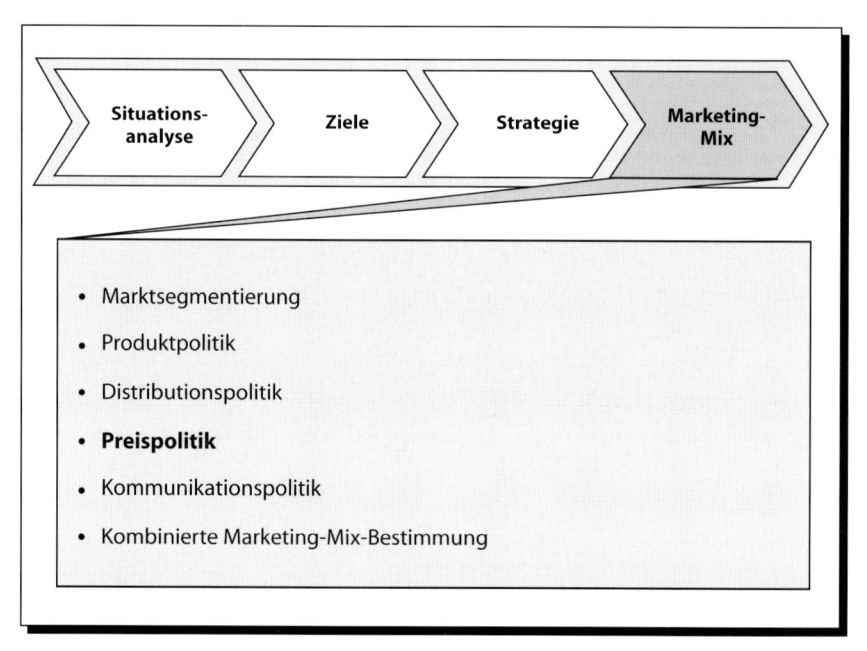

Abb. 70: Marketing-Mix – Preispolitik

Die Preispolitik hat innerhalb der Marketingpolitik die Aufgabe, die richtigen Austauschdimensionen zwischen Angebot und Nachfrage am Markt zu erreichen und dadurch den Abverkauf zu fördern. Da diese ökonomische Austauschbeziehung durch einen »Kontrakt« zustande kommt, spricht man auch von Kontrahierungspolitik.

5.5.1 Grundsatzentscheidungen der Preispolitik

Abb. 71: Preispolitik (Seiler 1991, S. 218)

Da am Markt Anbieter und Nachfrager unter Bildung eines Preises einen Austausch von Leistungen vornehmen, muss die Preispolitik mit den anderen Marketinginstrumenten in Einklang gebracht werden. Dabei ist die Preispolitik eines der sensibelsten Instrumente des Marketings überhaupt. Hier treffen die Überlegungen der rationalen Mikroökonomie, die einen wirtschaftlich denkenden Kunden erwartet, auf den eher irrationalen Kunden der Realität aufeinander. Den richtigen Preis festzusetzen ist deshalb eine besondere Herausforderung.

Preise können weder willkürlich noch permanent veränderlich festgesetzt werden. Deshalb sind grundsätzlich – besonders bei Neuprodukteinführungen – zwei **strategische Ausrichtungen** zu betrachten:

▶ **Penetrationsstrategie:** Markteinstieg mit einem möglichst niedrigem Preis, um einen hohen Marktanteil, eine schnelle Marktdurchdringung und damit die Verdrängung von Wettbewerbern zu erreichen. Bei späterer starker Marktposition wird der Preis entsprechend erhöht.

Marketing-Mix

▸ **Skimming-Strategie:** Einstieg mit dem höchstmöglichen Absatzpreis und spätere Reduktion des Preises in Abhängigkeit des verstärkten Konkurrenzangebotes.

Voraussetzungen für den sinnvollen Einsatz der **Penetrationsstrategie** sind:

▸ Stückkosten.
▸ Großes Marktsegment mit möglichst preissensitiven Konsumenten.

Typische Beispiele für eine extreme Penetrationsstrategie sind die kostenlosen Softwareangebote im Internet. So konnte die RealPlayer-Software für den Bereich Video-Software eine marktbeherrschende Stellung erreichen, da der Kunde fast ausschließlich dieses Produkt kostenfrei benutzt. Somit müssen die Unternehmen, welche den Kunden im Internet mit dieser Software Videos zeigen wollen, inzwischen einen hohen Preis für die Nutzung der Software bezahlen.

Die Voraussetzungen für eine sinnvolle **Skimming-Strategie** lauten:

▸ Hinreichende Käuferzahl (Minimum für Kostendeckung).
▸ Stückkosten dürfen bei steigender Ausbringungsmenge nicht steigen.
▸ Zeitlicher Vorsprung gegenüber dem Wettbewerb und/oder das Preis-/Nachfrageniveau lockt andere nicht zum Markteintritt.
▸ Eine gehobene Käuferschicht, die bereit ist, für ein neues Produkt besonders hohe Preise zu zahlen.
▸ Vorhandensein eines USP (unique selling proposition, Alleinstellungsmerkmal).

Der erste, alleinige Hersteller von 16 x 9-Bildschirmen konnte noch am Markt einen Preis in Höhe von 10.000 DM durchsetzen. Mit dem zunehmenden Wettbewerb sank der Preis sukzessive auf teilweise schon unter 1.000 DM.

5.5.2 Instrumente der Preispolitik

5.5.2.1 Preis

Neben der Wahl der strategischen Grundsatzentscheidung der Preispolitik sind die Preise konkret festzusetzen, um am Markt zu bestehen. Dazu ist es notwendig, den Zusammenhang zwischen der nachgefragten Absatzmenge und alternativen Preisen zu beleuchten.

Dieser Zusammenhang wird durch die Preis-Absatz-Funktion dargestellt. Diese Funktion gibt die Beziehung zwischen der Nachfrage (Absatzmenge x) in Abhängigkeit von unterschiedlichen Preisen (p) wieder. Die Preissensi-

Kotler Kredite & Absatzfinanzierung (S. 129)
— Teilzahlungskredit

tivität und damit die mögliche Reaktion auf Preisänderungen wird durch die Preiselastizität gemessen.

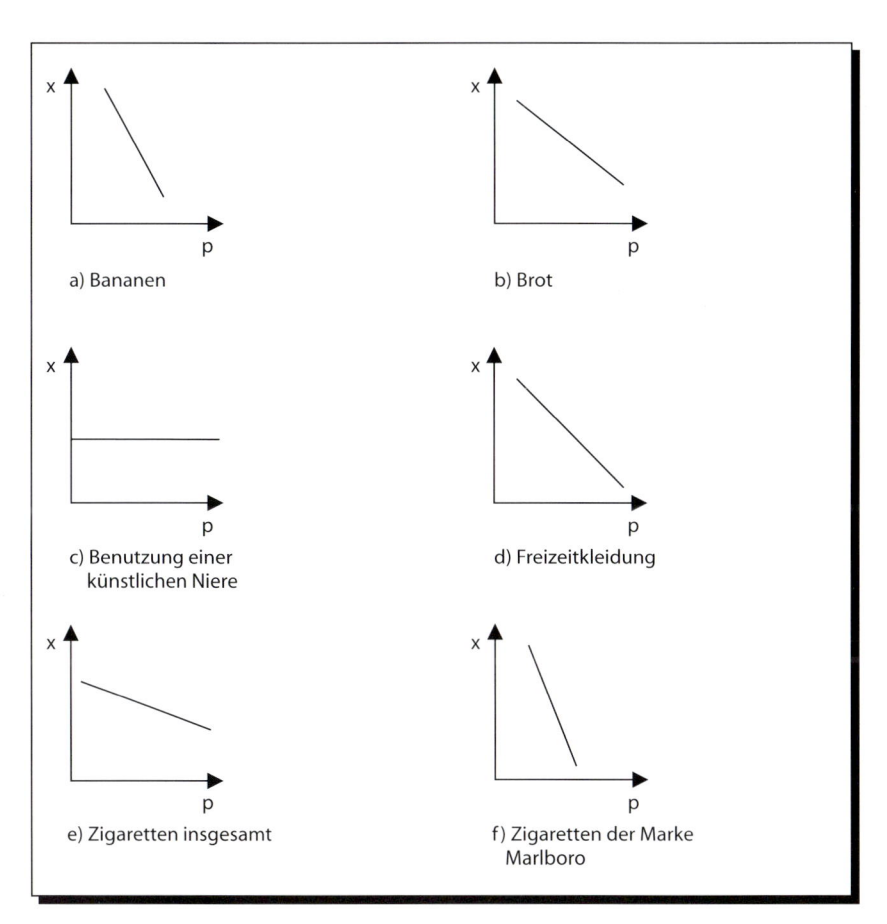

a) Bananen

b) Brot

c) Benutzung einer künstlichen Niere

d) Freizeitkleidung

e) Zigaretten insgesamt

f) Zigaretten der Marke Marlboro

Abb. 72: Alternative Preis-Absatzfunktionen

Produktgruppen haben unterschiedliche Preis-Absatzfunktionen. So reagiert z. B. der Kunde bei Preisanstiegen von Bananen besonders empfindlich, weil er jederzeit auf Substitutionsgüter umsteigen kann. Der Nachfragerückgang steigt also besonders stark bei Preiserhöhungen. Ein künstliche Niere wird zu jedem Preis gekauft. Auch reagieren Kunden auf Preiserhöhungen von Zigaretten grundsätzlich nicht empfindlich. Eine Preiserhöhung einer einzelnen Marke hingegen führt zu drastischen Minderkäufen.

Die entscheidende Variationsmöglichkeit beim Preis und somit die entscheidende instrumentale Möglichkeit ist seine Festsetzung.

Folgende Ansätze sind denkbar und werden eingesetzt:

Konkurrenzorientierte Preisfestsetzung

- **Idee:** Orientierung am Marktpreis
- **Ziel:** Marktanteilssicherung
- **Vorteile:**
  Nie wirklich verkehrt im Vergleich zur Konkurrenz und zum Kunden, einfache Festsetzung
- **Nachteile:** Kosten und Gewinn werden vernachlässigt. Konkurs kann drohen, Reaktion statt Aktion. Niemals Marktführer.
- *Beispiel: Wochenmarkt, alle verkaufen dasselbe zum gleichen Preis.*

Kostenorientierte (fossile) Preisfestsetzung

- **Idee:** Selbstkosten (Plankosten) + Aufschlag (in DM oder %)
- **Ziel:** Gewinnsicherung und Qualitätsimage
- **Vorteile:** Stabiler Preis, Einfachheit, Reduzierung von Preiskämpfen
- **Nachteile:** Nicht kundenorientiert, nicht marktorientiert, Gießkannenprinzip, Bestimmung der Kosten sehr schwierig.
- *Beispiel: C & A: immer X % Aufschlag; H & M: andere Kalkulation, Schnelligkeit und Lagerumschlag*

Mengenorientierte Preisfestsetzung

- **Idee:** Wer viel kauft bekommt auch einen günstigen Preis.
- **Ziel:** Niedrigere Produktions- und Logistikkosten
- **Vorteile**: Größere Produktgebinde, größere Stückzahlen
- **Nachteile:** Kunden mit kleineren Einkaufsmengen (z. B. Singles) werden frustriert, da sie grundsätzlich einen höheren Preis zahlen müssen
- *Beispiel: Persil-5 kg-Tonne, Einkaufsgemeinschaften im Lebensmitteleinzelhandel*

Nachfrageorientierte Preisfestsetzung

- **Idee:** 100 % kundenorientiert über die Nachfrage des Kunden
- **Ziel:** Kurzfristige Gewinnmaximierung (das, was geht, rausholen)
- **Vorteile:** Ausrichtung an der Wettbewerbs- und Marktsituation
- **Nachteile:** Verwirrung des Kunden durch unterschiedliche Preise, bei Niedrigpreisen ein Heraufsetzen fast unmöglich
- *Beispiel: Flugpreise*

Nutzenorientierte Preisfestsetzung

- **Idee:** Am Nutzen für den Kunden orientiert: Höherer Nutzen = Kunde ist bereit, mehr zu zahlen.
- **Ziel:** Gewinnmaximierung
- **Vorteile:** Entspricht dem Entscheidungsverhalten des Kunden
- **Nachteile:** Bestimmung des Nutzens schwierig und aufwendig.
- **Beispiel:** *von PC: Festplatten und Schnelligkeit verdoppeln sich alle paar Jahre. Demnach müsste sich auch der Preis permanent verdoppeln.*

Personelle Preisfestsetzung

- **Idee:** Unterschiedliche sozio-demografischen Zielgruppen bekommen unterschiedliche Preise
- **Ziel:** Hohe Marktdurchdringungen, Marktanteil in allen Kundengruppen, Multiplikatoren
- **Vorteile:** Zielgruppenadäquates Vorgehen
- **Nachteile:** Keiner will mehr den Normalpreis zahlen, Mogeleien
- **Beispiel:** *Studententarife*

Produktlinienorientierte Preisfestsetzung

- **Idee:** Abstimmung der Angebotspreise verschiedener Produkte einer Produktlinie
- **Ziel:** Image der Produktlinie verbessern, Gewinnmaximierung über gesamte Produktlinie.
- **Vorteile:** Vermeidung von Kannibalismus(-effekten) bzw. möglichst niedrig halten.
- **Nachteile:** geringe Reaktionsmöglichkeiten auf den Wettbewerb, geringe Flexibilität.
- **Beispiel:** *Wie würden Sie den Preis für den Opel Astra festlegen? Nicht zu wenig, weil sonst der Preis in die Kleinwagenklasse des Corsa fällt. Nicht zu hoch, dann wäre er preislich mit einem Vectra vergleichbar. Die Preise müssen innerhalb der Produktlinien angepasst sein.*

Produktvariationsorientierte Preisfestsetzung

- **Idee:** Unterschiedliche Zielgruppen mit unterschiedlichen finanziellen Möglichkeiten mit einem einzigen technischen Produkt abdecken.
- **Ziel:** Umsatzmaximierung
- **Vorteile:** Multiplikation der Produktlösungen mit nur einem Basisprodukt (Grundnutzen) und mehreren Geltungsnutzen

- **Nachteile:** Imageverlust bei Kunden der teureren Variante, Frust bei der anderen Gruppe mit der Billigversion
- **Beispiel:** *Buch und Taschenbuch, identische Uhren in Stahl und Gold*

Räumliche (regionale) Preisdifferenzierung

- **Idee:** Reaktion auf regionale Marktsituation
- **Ziel:** Marktanteilsausweitung
- **Vorteile:** Reaktion auf lokale Marktgegebenheiten
- **Nachteile:** unklares Profil, bewegliche Bürger
- **Beispiel:** *Benzin, Auto (Belgien, Deutschland)*

Verwendungszweckorientierte Preisfestsetzung

- **Idee:** Je nach dem Verwendungszweck angemessener Preis
- **Ziel:** Zielgruppenadäquate Preisfestsetzung
- **Vorteile:** Unterschiedliche Zielgruppen bekommen unterschiedliche Preise
- **Nachteile:** Umgehung der Preisunterschiede oder Nutzung für unterschiedliche Verwendungszecke
- **Beispiel:** *Speise-, Vieh-, Industriesalz; PKW-Diesel und Heizöl*

Zeitliche Preisfestsetzung

- **Idee:** Reaktion auf das Schwanken der Nachfrage zu unterschiedlichen Zeiten
- **Ziel:** Produktionsauslastung
- **Vorteile:** Betriebswirtschaftliche Rahmendaten, Produktionsauslastung
- **Nachteile:** Unterschiedliche Tarifstruktur, Kompliziertheit
- **Beispiel:** *Tag-, Nacht-, Sonn- oder Feiertagstarife beim Telefon*

Fazit: Keiner dieser Preisfestsetzungsansätze führt in der Regel alleine zum Erfolg. Vielmehr wird in der Praxis ein Mix aus verschiedenen Ansätzen umgesetzt. Außerdem gibt es bei der markt- und somit kundenorientierten Vorgehensweise des Marketing weiteres zu beachten: die psychologischen Preisschwellen. Ein Preis von 0,99 DM ist deutlich erfolgreicher als ein Preis von 1 DM. Eine Preisreduktion von 0,99 auf 0,98 hingegen würde aufgrund dieser psychologischen Gründe keine Veränderung der Nachfrage bewirken. Typische Preisschwellen sind:

- 0,95 – 0,99
- 1,95 – 1,99
- 9,95 – 9,99
- 19,80 – 19,90 – 19,95 – 19,99
- 95,00 – 99,00 – 99,50 – 99,90 – 99,99

Diese der mikroökonomischen Theorie widersprechenden Phänomene werden besonders die Preisgestaltung bei der Umstellung von DM auf den Euro im Jahre 2002 beeinflussen. Denn 99 Pf entsprechen dann etwa 51 Cents oder 1,99 DM werden dann 1,02 Euro entsprechen. Dies wird also im Niedrigpreissegment zu Preissenkungen führen, da kein Kunde für 1,02 Euro ein Produkt kaufen wird. Bei hochpreisigen Gütern wird eher der gegenteilige Effekt zu erwarten sein. Wenn dann ein Auto statt 39.900 DM eine geringere Zahl in Höhe von ca. 20.400 Euro aufweist, ist eine Preiserhöhung z. B. auf 20.900 Euro recht unproblematisch.

5.5.2.2 Kredite und Absatzfinanzierung

Kredite werden als Instrument der Preispolitik auch als Absatzfinanzierung bezeichnet. Dabei übernimmt der Verkäufer (z. B. der Hersteller) die (Teil-)Finanzierung des Kaufes durch den Kunden. Folgende Arten sind geläufig:

- **Factoring**: Finanzierungsinstitut übernimmt Forderungen an den Kunden aus Warenlieferungen und Dienstleistungen, unter Umständen Ausfallrisikoübernahme
- **Forfaitering**: Abkauf einer Forderung für den Exporteur durch Forderungsankäufer
- **Kommission**: Zahlung erst, wenn der Endkunde bezahlt hat. Bis dahin wird eine Distributionsfunktion (Lagerung) übernommen
- **Leasing**: Kaufpreis wird in laufende Mietzahlungen umgewandelt
- **Lieferantenkredit**: Lieferant finanziert den Kauf vor
- **Teilzahlungskredit**: Kaufe jetzt, zahle später in Raten
- **Valuta/Zahlungsziel**: Kaufe jetzt, zahle in 30 Tagen
- **Wechselfinanzierung**: Finanzierung über einen Wechsel. Der Wechsel stellt die Sicherheit des Kreditgebers dar

Die Absatzfinanzierung sichert den Kauf des Produktes durch den Kunden auch für den Fall, dass dieser augenblicklich dafür nicht die finanziellen Mittel zur Verfügung hat. Das finanzielle Ausfallrisiko bleibt allerdings für den Hersteller bestehen.

5.5.2.3 Rabatte → Preisnachlässe

Rabatte stellen Preisnachlässe auf den offiziellen Verkaufspreis dar, die unter bestimmten Bedingungen gewährt werden:

- **Mengenrabatt** (Umsatzrabatt): Preisnachlass (Barrabatt) oder unentgeltliche Warenabgabe (Naturalrabatt)
- **Funktionsrabatt**: für die Übernahme einer Funktion für den Hersteller
- **Kundenrabatt**: z. B. Stammkunde/netter Kunde
- **Treuerabatt**: Treuemarken/z. B. 10 Jahre Kunde
- **Zeitrabatte:** Subskriptionspreise, Saisonrabatt, Auslaufmodell, Einführungs-, Vordispositions-, Auslaufrabatte
- Cashback (in U.S.A.)

Schöne Beispiele für Funktionsübernahmen zeigt der Bankenbereich. Mit Erfolg haben dort die Kunden die Geldauszahlung und die Überweisungseingaben und Ausgaben selbst übernommen. Der den Kunden dafür zustehende direkte Funktionsrabatt blieb aus. Vielmehr durften sie dafür sogar noch selber zahlen!!! Für wahr eine – kurzfristig – geschickte Politik. Die Banken würden dem natürlich widersprechen und darauf hinweisen, um wieviel die Kosten statt dessen gestiegen wären und somit indirekt ein Funktionsrabatt bezahlt worden ist.

Die Rabatte unterstützen die langfristige Kundenbindung und lenken die Kaufgewohnheiten des Kunden. Aufgrund eines Mengenrabattes kann der Kunde z. B. nicht so günstige Konditionen beim Wettbewerber haben, da er dort noch nicht die Ordergröße erreicht hat. Auch sorgt z. B. ein Zeitrabatt dafür, dass die eigene Produktionsauslastung gesichert werden kann.

Eine Sonderform des Rabatts ist der **Bonus**, der »Rabatt« im Nachhinein. Er dient als Belohnung für viele Aufträge und eine gute Kunden-Lieferanten-Beziehung.

Skonto: Barzahlungspreisnachlässe

5.5.2.4 Skonto

Der Skonto ist ein Barzahlungspreisnachlass. Dabei bekommt der Kunde bei sofortiger, barer Zahlung beim Kauf einen Nachlass von maximal 3 %.

Mit dem Skonto erreicht der Lieferant die Sicherstellung einer höheren Liquidität. Er ist nicht genötigt, die Zeit von bis zu vier Wochen bis zur Zahlung durch den Kunden über Kredite oder eigenem Kapital zu finanzieren.

5.5.2.5 Liefer- und Zahlungsbedingungen

Neben den klassischen preispolitischen Instrumenten haben sich in der Praxis noch weitere etabliert. Die Liefer- und Zahlungsbedingungen gehen über die Kreditpolitik hinaus. Dabei wird neben der Art des Zahlungsvorganges vor allem die Art der Lieferung gestaltet:

- Lieferbereitschaft
- Lieferzeit
- Lieferart
- Umtausch- und Rücktrittsmöglichkeiten

Die **Zahlungsbedingungen** umfassen als Festlegung der Art und Weise der Zahlung für eine gekaufte Ware:

- Berechnung der Verpackungs-, Fracht- und Versicherungskosten
- Kreditkartenzahlung oder auf Rechnung
- Rabatte (Preisnachlässe)
- Sicherheitsüberprüfung
- Skonto (Barzahlung)
- Vorauszahlung
- Zahlungsziel (Zeitpunkt des Zahlungseinganges)

5.6 Kommunikationspolitik

08.12.04.

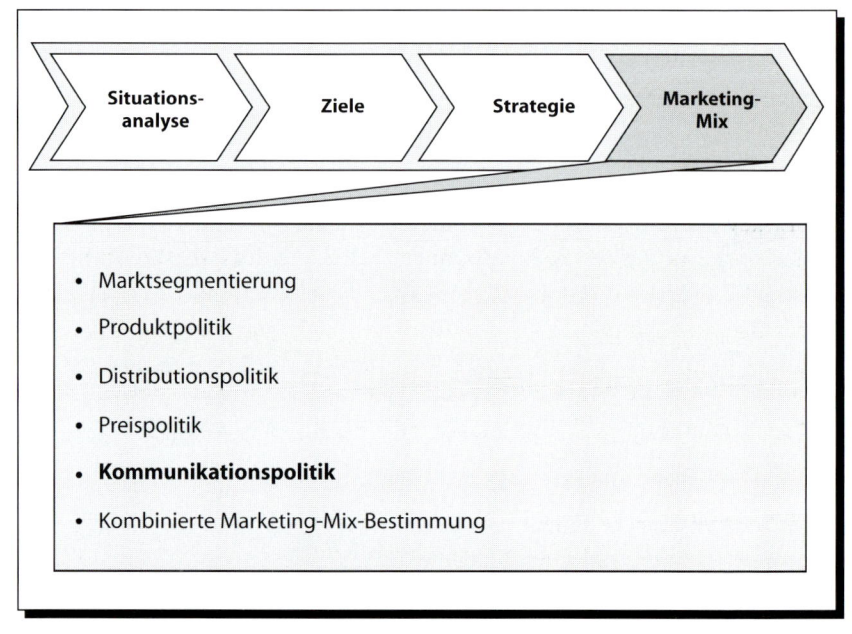

```
[Situationsanalyse] → [Ziele] → [Strategie] → [Marketing-Mix]
```

- Marktsegmentierung
- Produktpolitik
- Distributionspolitik
- Preispolitik
- **Kommunikationspolitik**
- Kombinierte Marketing-Mix-Bestimmung

Abb. 73: Marketing-Mix – Kommunikationspolitik

Die Kommunikationspolitik hat die Aufgabe, dem Kunden Informationen über das Produkt und das Unternehmen näherzubringen, sodass er sich bei der Kaufentscheidung für dieses Produkt entscheidet. Auf diesem Weg sind die drei wichtigsten Ziele abzugrenzen, die die unterschiedlichen kommunikationspolitischen Instrumente in ihren Aufgaben bestimmen:

(*Ziele des Unternehmens*)

- **Bekanntheitsgrad:** Dem Kunde muss die Marke bekannt sein, sonst wird er sie bei der Kaufentscheidung nicht in Betracht ziehen.
- **Image:** Dem Kunden muss das Image, der Markenkern und die Leistungen der Marke bewusst, genauer sogar unterbewusst sein, so dass er bei einer Kaufentscheidung diese Marke einer anderen Marke vorzieht.
- **Abverkauf:** Beim Kunden sollte direkt eine Kaufaktion ausgelöst werden, so dass sofort ein Abverkauf der Ware stattfindet.

5.6.1 Grundsatzentscheidungen der Kommunikationspolitik

In der Kommunikation und Informationsvermittlung sind folgende Elemente zu unterscheiden:

- **Botschaft**: Aussage, Inhalt der Information, kodiert oder unkodiert
- **Empfänger**: Rezipient, Adressat der Information
- **Medium**: physikalischer Träger der Information, Kommunikationskanal
- **Sender**: Kommunikator, Quelle der Information und der Ansprache
- **Träger**: Organe der Übermittlung

Der Kunde kauft nicht nur einen materiellen Produktvorteil, sondern auch immer einen immateriellen Produktnutzen. Deshalb muss die Kommunikationspolitik neben der Information über das funktionale Leistungsangebot immer den auch als Markenkern bezeichneten Erlebnis- und Vorstellungsraum des Produktes und der Marke kommunizieren. Die einzelnen Instrumente wie Werbung, Verkaufsförderung, Sponsoring, Public Relations und persönlicher Verkauf müssen vernetzt die erfolgreiche Kommunikationsstrategie ermöglichen.

Praxisbeispiel *Ferrero Rocher: Das Produkt Ferrero Rocher lebt davon, dass neben dem eher geringen funktionalen Nutzen (Haselnüsse als Abfallprodukte der Haselnussverarbeitung, geringer Anteil Schokolade) von Schwiegermüttern als Geschenk akzeptiert wird. Dieser Zusatznutzen, der auf dem Markenkern aufbaut, wird fast ausschließlich über die Kommunikationspolitik dem Produkt beigegeben.*

In der Regel wird der Kunde über mehrere Instrumente angesprochen. Unterschiedliche Botschaften und Inhalte wird er nicht verstehen und sich so von den entsprechenden Produkten abwenden und zur Konkurrenz gehen. Somit sind folgende Entscheidungen grundsätzlich zu treffen:

- **Controlling**: Steuerung durch Planung (Mediaanalyse), Durchführung und Kontrolle (quantitativ z. B. Tausender-Preis)
- **Gestaltungsstrategie** (Copy): was dem Kunden wie kommuniziert werden soll (Nutzenversprechen, Begründung, Gestaltungslinie), die Botschaft
- **Mixauswahl**: quantitativ und qualitativ aufeinander abgestimmte Instrumente
- **Objekt**: Bezugsobjekte der Kommunikationsarbeit, Produkte, Marken, Märkte, Markenfamilien, Unternehmen
- **Zielebene**: Business-Mission, CD, CI, Unternehmensbereich, Produktbereich, Marke
- **Zielgruppe**: Kunden, Multiplikatoren

Marketing-Mix

5.6.2 Instrumente der Kommunikationspolitik

Abb. 74: Instrumente der Kommunikationspolitik (Seiler 1992)

5.6.2.1 Werbung

Unter Werbung versteht man die bewusste Einschaltung von Kommunikationsmitteln in verschiedenen Medien mit dem Ziel, bei dem kommunikativ angesprochenen Kunden marktrelevante Änderungen der Einstellungen und Verhaltensweisen im Sinne des Unternehmens zur erreichen. Typische Medien der Werbung sind:

- **Außenwerbung**: Litfasssäulen, Verkehrsmittel, Bandenwerbung, Lichtwerbung, Trikotwerbung
- **Direktwerbung**: Direct-Mail, Werbebriefe
- **Elektronische Werbung**: FFF – Film, Funk, Fernsehen; Internet
- **Print-Werbung**: Zeitungen, Zeitschriften, Anzeigenblätter, Adressbücher, Beilagen, Supplements, sonstige Druckerzeugnisse

▶ **Sonstige Werbung:** Schaufenster, Werbebauten, Kataloge, Lichtwerbung, Prospekte, Werbeveranstaltungen, Werbegeschenke

Die Werbung hat zur wichtigsten Aufgabe, dem Kunden die Botschaft so näherzubringen, dass sie sich im Unterbewusstsein festsetzt. Somit werden Präferenzen und Kaufentscheidungen eher zu Gunsten des kommunizierten Produktes erreicht. Dies geschieht nicht nur direkt, sondern durch verschiedene Verschlüsselungsinstrumente:

- ▶ Bewegte Darstellung
- ▶ Geräusche
- ▶ Gesang
- ▶ Mimik, Gestik, Körpersprache
- ▶ Musik
- ▶ Schrift
- ▶ Sprache
- ▶ Stimme
- ▶ Unbewegte Darstellung

Die Werbung steht im Vordergrund der Kommunikationsinstrumente. Da die meisten Marken sehr große Zielgruppen ansprechen, wird über die Mediaselektion mit sehr hohem finanziellem Aufwand versucht, die Zielgruppe in möglichst kurzer Zeit kommunikativ zu erreichen. Deshalb steht für die Massenwerbung das Fernsehen als Werbemedium im Zentrum der Überlegungen. Aufgrund der vielen Fernsehprogramme wird es immer teurer und schwieriger, große Zielgruppen kurzfristig zu erreichen. Da die Werbung vor allem der Zielsetzung Imageaufbau über die Übermittlung der Werbebotschaft dienen muss, bekommt das Wissen über die Wirkungsweise von Werbung eine überproportional wichtige Bedeutung. Als Gedankengerüst gilt dazu das AIDA-Schema:

- ▶ A – Attention: Erzielung von **Aufmerksamkeit**
- ▶ I – Interest: Weckung von **Interesse** für die Werbebotschaft
- ▶ D – Desire: Anregung eines konkreten **Kaufwunsches**
- ▶ A – Action: Auslösung einer **Aktion**, idealerweise eines Kaufes

5.6.2.2 Verkaufsförderung

Die Verkaufsförderung, auch Promotion oder »below-the-line«-Aktivitäten genannt, umfasst kurzfristige Aktionsprogramme, die einen direkten Abverkauf in einer Region oder einer Betriebsform ermöglichen soll. Dies beinhaltet meist die physische Konfrontation mit dem Angebot, die Stimulierung des Käufers oder auch des Wiederkäufers:

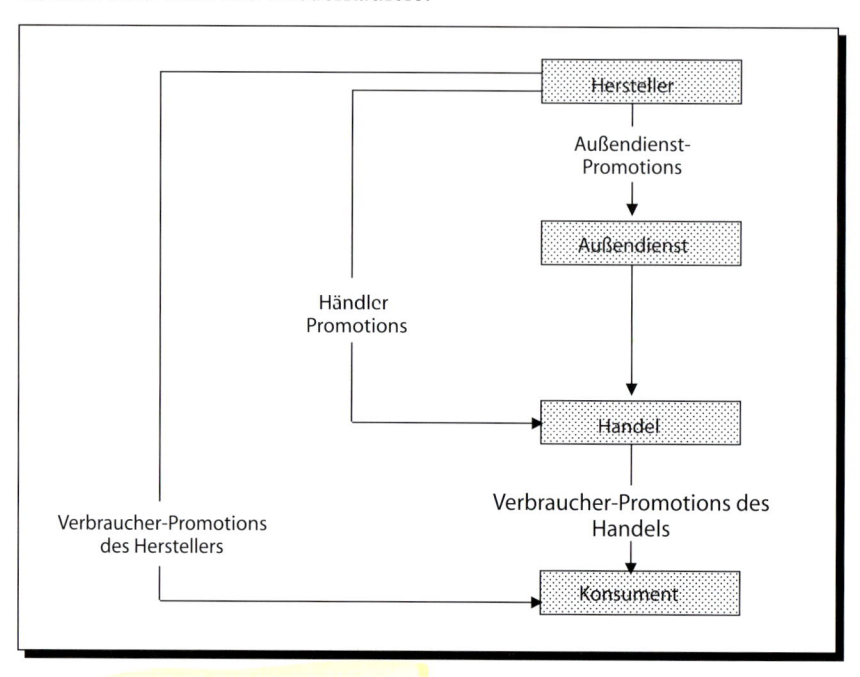

Abb. 75: Arten der Verkaufsförderung

Typische Arten der Verkaufsförderung sind:

- **Vertriebsorientiert (Außendienst-Promotions)**: Ausbildung, Beratung, Incentives (Verkaufswettbewerbe) für Innendienst und Außendienst, Motivationsveranstaltungen, Schulungen, Tagungen, Verkaufsordner.
- **Handelsorientiert (Händlerpromotions)**: Außendienstbesuche, Dekorationsdienst, Display-Material, Hostessen und Propagandisten, Incentives (Verkaufswettbewerbe), Kundenzeitschriften, Motivationsveranstaltungen, Naturalrabatt, Personalschulung, Präsentationsmappen, Preisnachlass, Sales Meetings, Sonderveranstaltungen, Trainings, Unterstützung, Werbekostenzuschuss.

Kommunikationspolitik

▸ **Kundenorientiert am Point-of-Sale (Verbraucher-Promotions)**: Produktdemonstrationen, Sammelmarken, Verlosungen, Wettbewerbe, Zugaben.
▸ **Kundenorientiert über Medien (Verbraucher-Promotions)**
▸ **Kundenorientiert zu Hause (Verbraucher-Promotions)**
▸ **Kundenorientiert außen (Verbraucher-Promotions)**

Diese verschieden Möglichkeiten der Verkaufsförderung leben von den eingesetzten Mitteln. Allein für die Auswahl und Gestaltung folgender Mittel hat sich eine eigene Agenturlandschaft ausgebildet:

▸ Befragungen
▸ Beratungen
▸ Bonus Product Pack: Nimm 5 zahle 4
▸ Contest am Produkt, Leistungsnachweis
▸ Coupon-Promotion: am Point-of-Sale (POS) gibt es dafür eine Produktprobe oder einen Preisnachlass
▸ Degustationen
▸ Displays, Sonderplatzierung
▸ Game Promotion: Spielmarken
▸ Gewinnspiele
▸ Gift Stamp Plan: Wertmarken sammeln für Zugabe (Bilderpunkte)
▸ Gutscheine, Coupons
▸ Hinweisschilder
▸ Incentives
▸ Lautsprecherdurchsagen
▸ Merchandising: Platzierung am POS durch den Hersteller
▸ Personality Promotion: Repräsentanten besuchen Haushalte
▸ Point-of Sale-Aktion
▸ Prämien
▸ Preisausschreiben
▸ Produktdemonstrationen, Vorführungen
▸ Produktproben
▸ PR-Promotion
▸ Rausverkauf
▸ Regaloptimierungsmodell
▸ Regalstopper
▸ Reinverkauf
▸ Sales Promotion
▸ Sammelmarken
▸ Schlussverkäufe
▸ Schulungen

Marketing-Mix

- Self Liquidating Promotion: weitere Gegenstände erwerben
- Sonderpreisaktionen
- Sweepstake: Teilnahmeschein am Produkt
- Touch-Screen-Terminal
- Verbund-Promotion: gemeinsames Thema mehrerer Produkte
- Verkaufsregale
- Verlosungen
- Visuelle oder akustische Einrichtungen
- Wettbewerbe
- Zugaben
- Zweitnutzen Spezialpack: Spezialumhüllung mit Zusatznutzen
- Zweitplatzierung am Point-of-Sale (POS)

5.6.2.3 Persönlicher Verkauf

Das Instrument Persönlicher Verkauf stellt den zwischenmenschlichen Prozess zwischen einem Verkäufer und einem potenziellen Kunden dar. Formen sind:

- **Persönlicher Verkauf**: Besuchsverkauf, Handelsverkauf, Messeverkauf, Part- und Eventverkauf, Top-Management-Ebene.
- **Semipersönlicher Verkauf**: Telefonverkauf, Bildschirmkonferenzverkauf.
- **Unpersönlicher medialer Verkauf**: Automaten, Mailings, Katalog, Teleshopping, CD-ROM, Internet.

Das Ziel des persönlichen Verkauf ist der direkte Vertragsabschluss. Außerdem werden die Kundenbindung und die Informationsfunktion unterstützt. Innerhalb des kundenorientierten Marketingansatzes wird ein guter Verkäufer versuchen, das Verkaufsgespräch von dem Wunsch des Kunden her zu gestalten und nicht auf den Produktbesonderheiten aufzubauen.

Den guten Verkäufer erkennt man sofort daran, dass er fragt und den Kunden reden lässt. Ein schlechter Verkäufer wird hingegen versuchen, seinen Wissensvorsprung bezüglich des Produktes über lange Monologe rüberzubringen.

5.6.2.4 Public Relations

Public Relations (PR) umfassen das Instrumentarium der Presse- und Öffentlichkeitsarbeit. Dabei soll die kommunikative Wirkung über die Multiplikatoren Öffentlichkeit und vor allem der Presse zum Kunden indirekt erbracht werden. Die Hauptvorteile dieser Instrumente liegen in den eher niedrigen

Kosten. Hauptnachteil stellt das erhöhte Risiko des Scheiterns dar. Nicht jede PR ist erfolgreich.

Typische Formen sind:

- **Öffentlichkeitsarbeit**: Sinnvolle Gestaltung aller Beziehungen zwischen dem Unternehmen und der Öffentlichkeit und sonstigen Institutionen, um Vertrauen und Verständnis aufzubauen
- **Pressearbeit**: Interviews, Pressegespräche, Pressekonferenzen, Pressemappen, Presseveröffentlichungen, redaktionelle Anzeigen, Pressearchive im Internet
- **PR-Veranstaltungen**: Preisverleihung, Tagungen, Tag der offenen Tür
- **PR-Aktionen**: Versteigerungen für einen guten Zweck
- **Druckschriften**: Geschäftsbericht, PR-Broschüren, Festschrift
- **Gesprächsmedienarbeit**: Podiumsdiskussionen, Vorträge, Präsentationen.
- **Internet**: Internetauftritt, Archive

Die wesentlichen **Aufgaben der Presse- und Öffentlichkeitsarbeit** lauten:

- **Informationsfunktion**: Übermittlung von Informationen
- **Führungsfunktion**: Beeinflussung der Öffentlichkeit, der Multiplikatoren
- **Kommunikation**: zusätzliche Kontakte zum Kunden
- **Existenzerhaltungsfunktion**: Glaubwürdigkeit, Krisenmanagement
- **Imagefunktion**: Änderung des Vorstellungsbildes, z. B. Fotowettbewerbe, Spenden

5.6.2.5 Sponsoring

Unter Sponsoring wird die systematische Förderung durch Bereitstellung von Geld oder Sachmitteln zur Förderung von Personen, Organisationen, Aktionen oder Veranstaltungen verstanden, um im Gegenzug die eigene Marke aufdrucken lassen zu können. Da für die Sponsorleistung eine direkte Gegenleistung des gesponsorten erwartet wird, unterscheidet sich das Sponsoring vom Mäzenatentum. Hierbei bekommt der Mäzen keine direkte Gegenleistung. Auch unterscheidet sich das Sponsoring somit von der PR-Arbeit, weil auch hier z. B. mit einer Zeitung keine exakte Gegenleistung z. B. für einen Bericht vertraglich abgesichert werden kann. Typische Arten sind:

- **Kultursponsoring**: Fernsehsendungen (Programmsponsoring), Ausstellungen, Stiftungen, Musikveranstaltungen, Tourneen, Orchester, Filme, Literatur, Kleinkunstpreise, Popgruppen, Ausstellungen, Festivals, Theaterstücke, Stipendienvergabe, Heimat- oder Denkmalpflege, Zoo.

Marketing-Mix

- **Sozialsponsoring:** karitative Aktionen und Einrichtungen, Organisationen und Verbände, unabhängige oder staatliche Institutionen.
- **Sportsponsoring:** Vereine, Veranstaltungen, Verbände, einzelne Sportler, Mannschaften, Talente.
- **Umweltsponsoring:** Ökologische Initiativen, Vereine, Aktionen, Stiftungen, Forschungsprojekte, Natur- und Artenschutz, Sitzbänke auf Wanderwegen, Umweltorganisationen, Umweltpreise, Initiativen.
- TV-sponsoring

Praxisbeispiel *Krombacher*: *Eine Besonderheit stellt das Programmsponsoring im öffentlich-rechtlichen Fernsehen dar. Da hier nach 20 Uhr Werbung verboten ist, ermöglichte der Gesetzgeber durch die Zulassung von Programmsponsoring den Sendern eine zusätzliche Einnahmequelle. Er ging davon aus, dass ein kurzes Insert »Aspekte wird gesponsort von Focus« keine Beeinflussung des Programms darstellt. Eine Biermarke wie Krombacher möchte aber nicht nur vor und nach dem Tatort als Sponsor genannt werden. Krombacher möchte vor allen Dingen Image dazu gewinnen und dies geht nur durch die Kommunikation einer vollständigen Botschaft und somit über Werbung. Deshalb hat sich das Programmsponsoring zu einem Zwitter entwickelt, in dem z. B. Krombacher eine stark verkürzte Version des 30-Sekunden-Werbespots als Programmsponsoring einsetzt. Ein von den Landesrundfunkanstalten klar geduldeter Regelverstoß, um den Sendeanstalten diese Geldquelle offen zu lassen.*

Der Sponsor erwartet vom Gesponsorten eine Reihe von Gegenleistungen:

- Benennung der gesponsorten Mannschaft, z. B. »Bayer Leverkusen«
- Klassische Werbung mit Logo
- Medienkontakte
- Mitarbeiter-Kontakte
- Nutzung Prädikate »Offizieller Sponsor«
- Präsenz im Umfeld
- Signierstunden, Aktionen
- Trikot- oder Bandenwerbung

Praxisbeispiel *Opel*: *Eine der höchstdotierten und weitestgehenden Sponsorverträge wurde Anfang der 90er Jahre zwischen Opel und dem Fußballverein Bayern München abgeschlossen. Die Fußballspieler müssen nicht nur mit dem Opel-Logo herumlaufen, Signierstunden ableisten und den Opel-Geschäftspartnern im VIP-Bereich oder Events persönlich zur Verfügung stehen, sondern auch in der Öffentlichkeit nur Opel-Fahrzeuge benutzen. Damit hatte z. B. der von Ford gesponsorte Tennisstar Boris Becker Probleme. Er fuhr privat ein schwäbisches Produkt.*

5.6.2.6 Direktmarketing

Aufgrund der Bedeutung wird dem Direktmarketing als Erweiterung der Direktwerbung ein eigener Instrumentenstatus zugesprochen. Charakteristiken sind:

- **Adressengewinnung**: zielgruppenspezifisches Datenbankmarketing, Adressanbieter, Individualisierung ohne Streuverluste, systematische Akquisition.
- **Kontaktart**: persönlich, medial, kombiniert, indirekt oder direkt.
- **Medien**: klassische (siehe Werbung), Druckmedien (adressiert, unadressiert), elektronische (Telefon, Internet).

Mit dem Direktmarketing wird ein direkter Kontakt zum individuellen Kunden aufgebaut. Mit ihm soll entweder ein sofortiger, konkreter Vertragsabschluss erzielt werden oder aber eine Kundenbindung erreicht werden, die in der Zukunft zu weiteren Käufen führen wird.

5.6.2.7 Event-Marketing

Aus dem Bereich der Verkaufsförderung haben sich Events ebenfalls als eigenständiges Marketinginstrument etabliert. Dabei werden eigenständige Veranstaltungen im Freizeit- oder Berufsbereich als Kommunikationsplattform von Marken, Botschaften, Image und Aktionen durchgeführt. Der Vorteil dieses Instrumentes liegt darin, dass die positiven Stimmungen und die positiven Erlebnisse sehr direkt mit dem Produkt oder der Marke verbunden werden können.

Praxisbeispiel *Adidas:* So erreichte der Adidas Streetball-Cup im Jahre 1995 mit insgesamt 300 Turnieren und mit 50.000 Teilnehmern ca. 1 Mio. Zuschauer.

5.6.2.8 Messen

Messen sind zeitlich begrenzte, regelmäßig wiederkehrende Veranstaltungen, auf der eine Vielzahl von Ausstellern das Marktangebot ein oder mehrerer Wirtschaftszweige ausstellt, entweder für Endverbraucher oder Wiederverkäufer. Typische Unterscheidungsmerkmale sind:

- **Absatzrichtung**: Export, Import
- **Angebotsbreite**: Universal, Spezial, Branchen, Mono
- **Ausstellerherkunft**: regionale, nationale, internationale

- **Branchen und Wirtschaftsstufen**: Landwirtschaft, Handel, Industrie, Mittelstand, Dienstleistungen
- **Funktion**: Information, Verkauf (Order)
- **Güterklassen**: Konsum, Investitionsgüter
- **Messebesucher**: Fachpublikum, Verbraucher

Messen haben nicht nur die Aufgabe, den Nachfragern das Angebot physisch darzubieten. Vielmehr ist eine Messe als Branchentreff zur persönlichen Kundenbindung insbesondere in Investitionsgüterbranchen sehr wichtig.

5.6.2.9 Product-Placement

Unter Product-Placement wird die Platzierung von Markenartikeln im TV und Film als Requisite verstanden, teilweise mit deutlicher Hervorhebung oder wiederholter zurückhaltender Wiedergabe. Unterscheidungskriterien sind:

- Art der **Informationsübertragung**: visuelle, verbale, kombinierte
- Art und **Eigenschaft der Produkte**: geläufige Markenartikel, neue Produkte, Unternehmen, unmarkierte Produkte, regionale Gebiete
- Grad der **Programmintegration**: handlungsneutral (On-Set), kreativ in Handlungen integriert (creative), Gesamtthema kreativ zum Produkt (z. B. »Schwarz greift ein« durch die Katholische Kirche)
- Grad der **Anbindung an den Hauptdarsteller**: Endorsement

Einhergehend mit den immensen Ausgaben innerhalb der Werbung und den riesigen Ausgaben für die Herstellung der vielen Fernsehprogramme nimmt das Product-Placement mehr und mehr zu. In Deutschland wurde dieses Instrument bis zum Einzug der Privatsender als »Schleichwerbung« bezeichnet.

In den Zeiten der »Schleichwerbung« waren es die Produzenten der Fernsehsendungen, die von der Industrie quasi Sachspenden erwarteten. So wurden z. B. in Crashtests oder für Crashszenen nur die Automarken verwendet, die die Produktion nicht durch einen ausreichenden Fuhrpark unterstützten.

5.6.2.10 Bartering

Unter Bartering wird die Platzierung redaktioneller Beiträge in den Senderprogrammen oder der kompletten Übernahme einer ganzer Sendung verstanden. Z. B. Kino-News von McDonalds, Springfield Story auf Sat1 oder die »Barilla Comedy-Show«.

5.6.2.11 Bandenwerbung

Die Bandenwerbung gibt es fast ausschließlich nur in Sportstadien. Dabei werden im Sichtfeld der Fernsehkameras an den Längsseiten der Sportarena breite Banden angebracht, auf der Markennamen oder sehr kurze Botschaften angebracht sind. Die Bandenwerbung war vor allem in Zeiten ohne Privatsender eine wichtige Möglichkeit, das Werbeverbot im Fernsehen zu umgehen.

5.6.2.12 Bannerwerbung

Innerhalb des Internets hat sich die Bannerwerbung etabliert. Dabei werden schmale Werbegrafiken auf einer fremden Homepage integriert. Diese informieren ähnlich der Bandenwerbung über Marken oder kurze Botschaften. Zusätzlich bietet die Bannerwerbung aber die Möglichkeit, über einen Link den Kunden zur Homepage der Marke zu bewegen. Dort kann er dann umfangreich mit Werbung und anderen kommunikationspolitischen Instrumenten im Sinne der Kommunikationsziele bearbeitet und beeinflusst werden.

5.6.3 Zusammenfassung

Dieses Füllhorn an Instrumenten der Kommunikationspolitik unterscheidet sich nicht nur in den dargestellten instrumentalen Besonderheiten, sondern auch in den grundsätzlichen Zielen und Nutzenpotenzialen entsprechend Bekanntheitsgrad, Image und Abverkauf. Diese drei Ziele sind aufeinander aufbauend. Ohne Bekanntheitsgrad kein Image, ohne Image kein Abverkauf.

Alle Instrumente der Kommunikationspolitik bedienen diese drei Ziele, allerdings in sehr unterschiedlicher Art und Ausprägung. Um einen hohen Bekanntheitsgrad aufzubauen, sind die Instrumente Sponsoring und Public Relations am geeignetesten. Banner- und Bandenwerbung bedienen ebenfalls das Ziel Bekanntheitsgrad und weniger das Ziel Imageaufbau. Somit ist der Wortbestandteil »Werbung« irreführend, da es sich eher um Sponsoring als um Werbung handelt. Um ein Image aufzubauen und somit Botschaften erfolgreich zu kommunizieren, dafür sind die Instrumente Werbung, Product-Placement und Event-Marketing besonders geeignet. Den Abverkauf fördert am besten die Verkaufsförderung, der persönliche Verkauf und Messen.

Marketing-Mix

Instrument	Bekanntheitsgrad	Image	Abverkauf
Werbung	*	***	*
Verkaufsförderung	*	*	***
Public Relations (PR)	***	**	*
Persönlicher Verkauf	*	**	***
Bandenwerbung	***	**	*
Bannerwerbung	***	**	*
Bartering	***	***	***
Direktmarketing	*	*	**
Event-Marketing	**	***	**
Messen	*	**	***
Product Placement	**	***	*
Sponsoring	***	**	*

Eine Besonderheit weist das eher neue Instrument des Bartering auf. Dieses kann für alle drei Ziele eingesetzt werden je nachdem, welche Gestalt die betreffende Fernsehsendung annimmt. Die Flexibilität beinhaltet allerdings auch die Schwierigkeit, das Instrument erfolgreich einzusetzen und zu steuern.

Praxisbeispiel Barilla: *Die erfolgreichste Bartering-Sendung im deutschen Fernsehen ist augenblicklich die Barilla-Comedy-Show des italienischen Nudelmarktführers Barilla, der Massenprodukte für alle Familien anbietet. Durch bekannte Comedy-Stars mit erfolgreichen Comedyeinlagen wird ein hoher Marktanteil erreicht. Dies bedingt sofort einen hohen Bekanntheitsgrad von Barilla in Deutschland. Die Kommunikation der Botschaft stellt sich dabei allerdings schwieriger dar. Nudeln mit einem Image im Bereich Witz und Gags lassen sich auf Dauer bei einem breiten Publikum sicherlich nicht erfolgreich vermarkten. Auch ist die Zielerreichung beim Abverkauf schwierig, weil die Zielgruppe der Comedy-Zuschauer und der Nudelkäufer nicht unbedingt identisch ist.*

5.7 Kombination der Marketing-Mix-Instrumente

Marketingentscheidungen innerhalb des Marketing-Mixes sind in zwei Bereiche einzuteilen. Zum einen werden die Instrumente den langfristigen Strategien angepasst. Dies bedeutet eine kombinierte Ausrichtung aller Marketinginstrumente in eine gemeinsame Richtung. Zum anderen werden die einzelnen Instrumente zur operativen Umsetzung in ihren individuellen Ausprägungen bestimmt und ausgebildet.

Gute Produkte kann man nur verkaufen, wenn die Kunden wissen, dass es sie gibt. Deshalb ist im Grenzfall Kommunikation wichtiger als das Produkt. Genauso ist das Image im Grenzfall wichtiger als die realen Eigenschaften der Marke. Ideal ist natürlich, wenn Image und Produkt, Kommunikation und Realität übereinstimmen. Eines der wichtigsten Ziele für die Optimierung des Marketingmixes wäre eine gegenseitige Potenzierung der Instrumentalleistung anstatt nur einer Ergänzung.

Für die durchgehend dargestellten kombinierten Ansätze ergeben sich folgende Vorschläge für ein Marketingmix:

- SWOT-Analyse
- Portfoliomethode
- Positionierungsanalyse
- Produktlebenszyklus-Modell

5.7.1 SWOT-Analyse

Für die vier Normstrategien der SWOT-Analyse empfiehlt sich grundsätzlich folgender Mix der Marketinginstrumente:

Ziele/Instrumente	Ausbauen	Absichern	Aufholen	Meiden
Produktpolitik	Neue Produkte	Service	Sortiment	–
Distributionspolitik	Neue Absatzmittler	Ausweitung und Pflege der Absatzmittler	Händler-Promotions	selektiv, Abbau
Preispolitik	Preise anheben oder halten	Preisanpassungen an Wettbewerb	Preisnachlässe, Rabatte	niedrige Preise, Rabatte
Kommunikationspolitik	Massen- und Handelswerbung, Sponsoring	Massenwerbung,	Verkaufsförderung, Aktionen	–

5.7.2 Portfoliomethode

Für die vier Normstrategien der dargestellten Porfoliomethode ergibt sich dieses Mix der Marketinginstrumente:

Ziele/Instrumente	Investition (Question Mark)	Ausbau (Stars)	Abschöpfung (Cash Cow)	Austritt (Poor Dog)
Produktpolitik	Marke, Qualität	Service, Qualität	Sortiment	–
Distributionspolitik	Absatzmittlergewinnung	Ausweitung und Pflege der Absatzmittler	Händler-Promotions	selektiv, Abbau
Preispolitik	hohe Preise oder niedrige »Probierpreise«	hoher Preis	wettbewerbsorientierter Preis, Rabatte	niedrige Preise, Rabatte
Kommunikationspolitik	Massen- und Handelswerbung, Sponsoring	Massenwerbung,	Verkaufsförderung, Aktionen	–

5.7.3 Positionierungsanalyse

Innerhalb der Positionierungsanalyse ist für die ausgewählte Strategie das richtige Gesamtmix der passenden und aufeinander abgestimmten Marketinginstrumente zu bestimmen. Neben der ausgewählten Strategie gibt es eine grundsätzliche Überlegung: Sollen mehr über die Produktinstrumente faktisch das Produkt verbessert werden oder soll über die Kommunikationspolitik das Image in Richtung der gewünschten Qualitätsverbesserung eingesetzt werden? Langfristig sollten das Image und die Realität übereinstimmen. Doch ist aufgrund der zeitlichen und sonstigen Rahmenbedingungen nicht immer möglich, Produktänderungen vorzunehmen.

Langfristig wird versucht, beide unter einen Hut zu bekommen. So hat der Image- und auch der Produktwechsel bei Audi vom Massenanbieter zum Premium-Anbieter über 10 Jahre gedauert. Zuerst wurde die Kommunikationspolitik, dann die Preis- und schließlich die Produktpolitik von Modell zu Modell geändert. Modellübergreifend wurden außerdem technologische und ausstattungsbezogene Produktinnovationen wie Allrad, Sicherheitssysteme, verzinkte Karosserie und Aluminium-Frame-Technik eingesetzt. Nur die Distributionspolitik ist bis heute nicht vollständig von VW losgekoppelt, so dass die Neupositionierung noch immer nicht abgeschlossen ist.

5.7.4 Produktlebenszyklus-Modell

Beim Produktlebenszyklus gibt es für die einzelnen Mixbereiche klare Verhaltensregeln. So ist in der Einführungsphase die Qualität entsprechend der vorherigen Innovationspolitik umzusetzen. In der Wachstumsphase ist aufgrund erster Nutzungsphasen und anzuregenden Wiederkaufphasen der Kundendienst und der Service auszubauen. In der Reife- und Sättigungsphase wird aufgrund der starken Konkurrenz und erster Ermüdungserscheinungen des Produktes mit Sortimentsveränderungen auf die individuelleren Bedürfnisse der Kunden eingegangen. In der Rückgangsphase werden keine Investitionen in das Produkt mehr getätigt. Wird über eine Relaunchstrategie ein neuer Produktlebenszyklus drangehängt, folgt eine erneute Veränderung der Produktqualität und damit der Produkteigenschaften.

Ziele/Instrumente	Einführung	Wachstum	Reife/Sättigung	Rückgang
Produktpolitik	Qualität, Marke	Service	Sortiment	–
Distributionspolitik	Absatzmittlerwahl	Ausweitung und Pflege der Absatzmittler	Händler-Promotions	selektiv, Abbau
Preispolitik	hohe Preise oder niedrige »Probierpreise«	hoher Preis	wettbewerbsorientierter Preis, Rabatte	niedrige Preise, Rabatte
Kommunikationspolitik	Massen- und Handelswerbung, Sponsoring	Massenwerbung,	Verkaufsförderung, Aktionen	–

6 Fallstudien

6.1 Fallstudie Fußball WM 2006 in Deutschland

Der deutsche Fußball Verband DFB hat von der Fifa den Zuschlag bei der Bewerbung um die Austragung der Fußball WM im Jahre 2006 bekommen. Eine der ersten Aufgabenstellungen für den DFB ist die Auswahl und Verpflichtung der Standorte und Stadien für die Austragung aller Spiele. Dazu wurde ein Auswahlausschuss (AA), in dem 5 Mitglieder der Bundesligavereine, 5 Mitglieder der DFB-Mitgliedsverbände (2 NRW, 1 Bay, 1 BW, 1 HH) und 5 weitere Mitglieder (extern verpflichtete Marketingprofis) der WM-Gesellschaft vertreten sind, gebildet. Dieser Auswahlausschuss soll im Januar 2001 die Austragungsorte und Stadien festlegen.

Insgesamt stehen in Deutschland 46 Austragungsorte zur Wahl. 10 Austragungsorte sind nur möglich. Der AA legte in der ersten Sitzung folgende Entscheidungskriterien für die Auswahl fest:

▶ **Regionalität**: Alle deutschen Regionen sollen integriert sein
▶ **Modernität** der Stadien: Eine Mindestanforderung bezüglich der Anzahl überdachter Sitzplätze, Qualität der Räumlichkeiten, Kommunikationssysteme und Verkehrsanbindung müssen mindestens erfüllt sein.
▶ **Fan-Umfeld**: Der Standort sollte eine besondere Anziehungskraft auf Fußballfans haben, innerhalb einer Fahrstunde sollten möglichst viele Fans wohnen.

Die Stadt Leverkusen, Nachbarstadt von Köln, will sich ebenfalls bewerben. Zusammen mit dem Stadiondirektor und einem Vertreter des örtlichen und sehr erfolgreichen Fußballbundesligaclubs Bayer Leverkusen wird eine Arbeitsgruppe gebildet, die eine Marketingkonzeption zur erfolgreichen Bewerbung als Standort für die Fußball WM entwickeln und erfolgreich umsetzen soll. Der Stadiondirektor berichtet über die im Bundesschnitt sehr geringe Dauerkartenauslastung durch Fans, einem geringen Fan-Einzugsbereich (z. B. im Vergleich zu Gelsenkirchen) und auch eine unterdurchschnittliche Auslastung des Stadions bei Bundesligaspielen.

Fallstudien

Als Leiter der Arbeitsgruppe wird Herr Salmund bestimmt. Als erstes versucht Salmund weitere Informationen zu der Wahl zu bekommen. Dazu geht er zweimal mit dem Dortmunder Mitglied des AA sehr fein essen. Er erfährt, dass für die Regionen Rheinschiene und Ruhrgebiet die Anzahl von zwei Standorten eingeplant ist. Außerdem gäbe es noch einen »Joker«-Standort, der nach Abdeckung aller deutschen Regionen frei vergeben werde. Der AA sähe gute Chancen, dass auch dieser Joker für die Region Rheinschiene und Ruhrgebiet zur Verfügung stehen werde. Außerdem würden alle Bewerbungen von jedem einzelnen AA-Mitglied allein geprüft, geheim abgestimmt und bei Uneinigkeit jede einzelne Bewerbung im Team besprochen und danach nochmals abgestimmt.

Herr Salmund beauftragt das Marktforschungsinstitut Soccer-Research weitere Informationen zu besorgen. U. a. werden nach den beiden Kriterien Modernität und Fan-Umfeld alle acht relevanten Standorte in den Regionen Rheinschiene und Ruhrgebiet anhand diverser Datenmaterialien bewertet (Ergebnis siehe Abb.). Salmund erfährt ebenfalls über seine Kanäle, dass von den direkten Konkurrenten nur Köln ein vollständig neues Stadion plant. Köln will auch jedes Mitglied des AA persönlich zu einer Einzelpräsentation einladen.

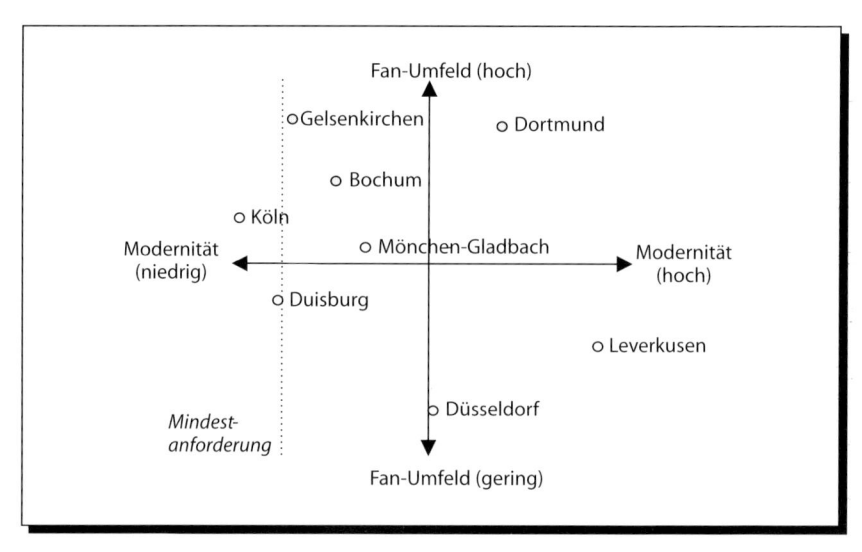

Abb. 76: Positionierung der potenziellen acht Austragungsorte in der Rheinschiene und im Ruhrgebiet

Die Arbeitsgruppe formuliert folgende Problemfragen, welche Soccer Research beantworten soll:

Hängt die Auslastung eines Stadions von dem Einzugsgebiet, der Anzahl der Fußballvereinsmitglieder und dem Erfolg des Fußballvereins ab?

Welche typischen Austragungsstätten gibt es nach Ansicht der Fans der Rheinschiene und des Ruhrgebietes, gemessen anhand der Attraktivität, der Verkehrsanbindung, Eintrittspreisgefüge, allgemeinem WM-Stadionwunsch, gemessen für die acht Städte?

Weiter vorliegenden Fakten und Infos:

▶ Bei der Wahl der Standorte ist der Rechtsweg ausgeschlossen.
▶ Der neue DFB-Präsident ist Schwabe.
▶ Das Land NRW will die Bewerbungen und ggf. Stadioninvestitionen für die eigenen Kandidaten fördern. Es soll auch einen besonderen Bonus geben, wenn sogar drei Standorte während der WM in NRW liegen.

Aufgabenstellung zur Konzeptentwicklung

1. Erstellen Sie eine vollständige Situationsanalyse.
2. Bestimmen Sie ein sinnvolles Zielsystem.
3. Erarbeiten Sie eine passende Strategie.
4. Definieren Sie ein geeignetes Marketing-Mix.

6.2 Fallstudie Netters AG – Neupositionierung im Bekleidungshandel

Die Mode-Kaufhauskette Netters AG ist mit 40 Häusern nach D&B (Marktanteil: 10 %) und H&M (5 %) die Nr. 3 (mit 4 %) im deutschen Bekleidungshandelsmarkt. Die Netters AG verliert seit mehreren Jahren leicht an Marktanteil und Umsatz, allerdings deutlich an Rendite. Nur durch das Schließen von Häusern und durch einzelne Grundstücksverkäufe konnte den Aktionären noch ein positives Betriebsergebnis präsentiert werden.

Die Netters AG bietet ein Vollsortiment für alle Altersgruppen. Für die jüngeren Zielgruppen nutzt sie die marktbekannten Designermoden und Designermarken (z. B. Esprit). Den größten Erfolg im Markt weist die schwedische Handelskette H&M auf, die in nur neun Jahren einen größeren Marktanteil erreicht hat als Netters in Jahrzehnten. H&M spricht überwiegend ein junges, sehr mode- und preisbewusstes Publikum an. Netters ist traditionell als Vollsortimenter für alle Altersgruppen aktiv und hat im Durchschnitt mit 46,1 Jahren eine eher ältere Kundschaft.

Der neue Vorstand der Netters AG, Peter Klatt, sieht die Zeit für gekommen, eine Neupositionierung der Mode-Handelskette Netters mit einer entsprechenden Strategie und entsprechenden Marketinginstrumenten vorzunehmen. Dazu gibt er der Marketingabteilung den Auftrag, eine Bestandsaufnahme und Empfehlungen für ein Marketingkonzept zu erarbeiten. Das Marketingkonzept soll sicherstellen, dass in fünf Jahren der Marktanteil um 10 % gesteigert wird und wieder echte Umsatzsteigerungen und Renditen erreicht werden.

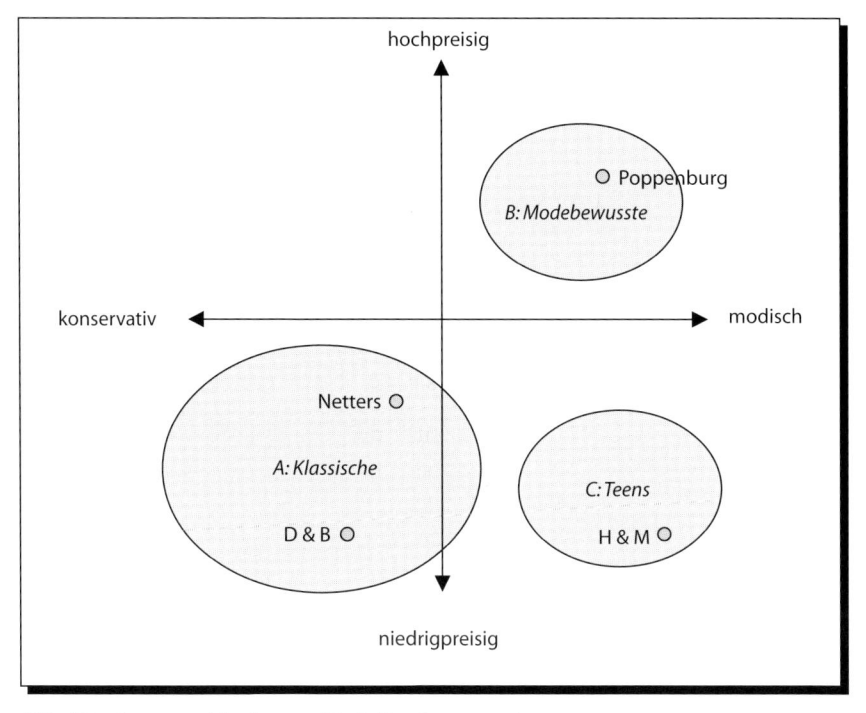

Abb. 77: Imagepositionierung (Preis/Sortimentstyp)

In einer Studie des führenden Marktforschungsinstituts *textileresearch* werden die Marktsegmente folgendermaßen definiert:

Segment A/»Klassische«: Eher normale Kunden, alle Altersgruppen, eher durchschnittliches Einkommen, Durchschnittsalter 41 Jahre, ca. 45 % Anteil an der Gesamtbevölkerung; es wird erwartet, dass sich dieses große Segment in den nächsten sechs Jahren teilt in A1 (stark konservativ und niedrigpreisig, auf 25 % rückgängiger Anteil) und A2 (leicht modisch und eher niederpreisig; stabiles, leicht zunehmendes Segment mit 15 %).

Segment B/»Modebewusste«: Eher gut-bürgerliche Kunden, höheres Bildungsniveau, höhere Einkommensklassen, Durchschnittsalter 44 Jahre, 15 % Anteil an der Bevölkerung.

Segment C/»Teens«: Durchschnittsalter 19 Jahre, eher wenig Geld, alle Schulbildungen, 10 % Anteil, stabiles Segment.

In einer Marktstudie der CCD-Handelsmarketing in Köln sind folgende Informationen zu finden:

- Überalterung der Bevölkerung führt zu stärkerem Direktverkauf und Versandhandel.
- Die Handelsgewerkschaft wird sich mit der Dienstleistungsgewerkschaft zu einer neuen Megagewerkschaft zusammenschließen.
- Das Internet kommt als neuer Vertriebskanal im Bekleidungshandel hinzu.
- Modetrend zu künstlichen Fasern nimmt zu.
- Wegen der Bundestagswahl 1998 wird ein Ansteigen der Nettolöhne der Abhängigbeschäftigten von ca. 2,5 % jeweils in den nächsten zwei Jahren erwartet.

Herr Klatt hat per Zufall den Bundesarbeitsminister Riester im Fernsehen gesehen, der die Reduzierung der Rentenerhöhung von der bisherigen Nettolohnentwicklung (also: 2,5 %) für die nächsten zwei Jahre auf das Inflationsniveau (0,7 %) beschlossen hat. Er sieht darin einen Einfluss auf die Zielerreichung in den nächsten fünf Jahren.

Literaturverzeichnis

... zum Inhalt dieses Buches und zur Vertiefung der Prozessstufen:
Abell, D. F.: Defining the Business, Englewoord Cliffs 1980
Backhaus, Klaus: Investitionsgütermarketing, 5. Aufl., München 1997
Becker, Jochen: Marketing-Konzeption, 6. Aufl., München 1998
Birkenbihl, Vera: Stroh im Kopf, 24. Aufl., Speyer 1995
Brandt, Peter/Kamenz, Uwe: Präsentationsgrafik, München 1993
Diller, H.: Preispolitik, 2. Aufl., Stuttgart/u. a. 1991
Godefroid, Peter: Business-to-Business-Marketing, 2. Aufl., Ludwigshafen 2000
Kamenz, Uwe: Markforschung, 2. Aufl., Stuttgart 2001
Koppelmann, Udo: Produktmarketing, 4. Aufl., Berlin/u. a. 1993
Kotler, Philip/Bliemel, Friedhelm: Marketing-Management, 7. Aufl., Stuttgart 1992
Kroeber-Riel, Werner: Konsumentenverhalten, 6. Aufl., München 1996
Meffert, Heribert: Marketing, 9. Aufl., Wiesbaden 2000
Meffert, Heribert/Bruhn, Manfred: Dienstleistungsmarketing, 2. Aufl., Wiesbaden 1997
Porter, Michael E.: Wettbewerbsvorteile, 3. Aufl., Frankfurt/New York 1992
Porter, Michael E.: Wettbewerbsstrategie, 8. Aufl., Frankfurt/New York 1995
Seiler, Armin: Marketing, 2. Aufl., Zürich/Wiesbaden 1992
Specht, G.: Distributionsmanagement, 2. Aufl., Stuttgart/Berlin/Köln 1992
Stender-Monhemius, Kerstin: Einführung in die Kommunikationspolitik, München 1999
Weis, Hans Christian: Marketing, 10. Aufl., Ludwigshafen 1997

... der weiteren Publikationen des Autors:
Kamenz, Uwe: Einkommensverwendung im Familienlebenszyklus, Frankfurt/u. a. 1987
Kamenz, Uwe: Vom Customer Satisfaction Measurement zum Customer Satisfaction Management, in: Peren, Franz/Hergeth, Helmut (Hrsg.), Customizing in der Weltautomomobilindustrie, Frankfurt/New York 1996, S. 149–155
Kamenz, Uwe: Hochschulrankings, in: Gröner, U./u. a. (Hrsg): Wirtschaftswissenschaft, Heidelberg 1997
Kamenz, Uwe/u. a.: Internet-Branchenstudie Automobilwirtschaft, Dortmund 1997

Kamenz, Uwe/u.a: Internet-Branchenstudie Weltautomobilindustrie, Dortmund 1999

Kamenz, Uwe: Perfekte Webseiten – wie sieht die Realität aus, in: Pfoertsch, Waldemar (Hrsg.), Living Web, Landsberg 1999; S. 21–33

Kamenz, Uwe: Internet-Zielgruppenstudie Journalisten, Dortmund 2000

Kamenz, Uwe: E-Commerce, in: Poth, Ludwig (Hrsg.), Marketing, Loseblattsammlung, Neuwied 2001

Kamenz, Uwe: Branchenquerschnittsvergleich Online-Auftritt in: Conrady, Roland/Jaspersen, Thoams/Pepels, Werner (Hrsg.): Handbuch des eMarketing, München 2000

Kamenz, Uwe: E-Commerce-Strategien der deutschen Top50-Unternehmen, Studie, Dortmund 2000

Kamenz, Uwe: Be first or p(r)ay, Köln 2001

Kamenz, Uwe: Markforschung, 2. Aufl., Stuttgart 2001

Kamenz, Uwe: Internet-Marketing, München 2001

Stichwortverzeichnis

Absatzfinanzierung 129
Absatzkanäle 119
Absatzmittler 119
Absatzpotenzial 34
Absatzvolumen 34
Absatzwege 119
AIDA-Schema 135

Bandenwerbung 143
Bannerwerbung 143
Bartering 142
Bedürfnispyramide 37
Börsenkapitalisierungs-
 orientierung 8
Business Mission 71

Cash Cows 61
Corporate Identity 72

Direktmarketing 141
Distributionspolitik 116
Diversifikation 111

Erfahrungskurven, Begriff 44
Event-Marketing 141

Fallstudien 149

Gap-Analyse, Begriff 44
Garantie 115
Gewährleistungen 115

Kennzahlen 34
Kommunikationspolitik 132

Kultursponsoring 139
Kunde
– Analyse 35
– Begriff 13
Kundendienst 114

Logistik 118

Marke 113
Marketing
– Aufgaben 12
– Definition 7
– Prozess 15
– Strategie 81
– Ziele 67
Marketing-Mix, Gesamt-
 darstellung 97
Markt
– Abgrenzung 30
– Definition 5
Marktanteil 34
– Relativer 61
Marktausschöpfung 34
Marktdurchdringung 34
Marktforschung, Begriff 19
Marktkapazität 34
Marktkennzahlen 33
Marktpotenzial 34
Marktsättigung 34
Marktsegmentierung 101
Marktvolumen 34
Marktwachstum 61
Messen 141

Normstrategie 84

Penetrationsstrategie, Preispolitik 123
PIMS-Studie, Begriff 45
Poor Dog 61
Portfolioanalyse 45, 59
Portfoliomethode 146
Portfoliotechnik, strategische Ausrichtungen 86
Positionierungsanalyse 146
– Ablauf 51
– Begriff 45
– Bestandteile 50
Potenzialanalyse 40
Preisfestsetzung 126
Preispolitik 122
Product-Placement 141
Produktelimination 110
Produktinnovation 106
Produktionsorientierung, Begriff 8
Produktlebenszyklus 63, 147
Produktlebenszyklusmodell, strategische Ausrichtungen 87
Produktorientierung, Begriff 8
Produktpolitik 103
Produktpositionierung 53
Produktqualität 112
Produktvariation 110
Public Relations 138

Question Marks 61

Rabatte 129

Service 114

Shareholder-Value-Orientierung, Begriff 8
Situationsanalyse, Gesamtdarstellung 23 ff
Skimming-Strategie, Preispolitik 124
Skonto 130
Sortiment 113
Sponsoring 139
Standardstrategien 89
Stärken-Schwächen-Analyse 46
Stars 61
Strategie 81
Strategieentwicklung 94
Strategisches Geschäftsfeld, Begriff 26
SWOT-Analyse 57, 85, 145

Unternehmen, Analyse 39
Unternehmensgrundsätze 73
Unternehmensziele 74

Verkauf, persönlicher 138
Verkaufsorientierung, Begriff 8
Verpackung 115
Vertrieb 116

Werbung 134
Wertkettenanalyse, Begriff 45
Wettbewerb, Analyse 41

Zahlungsbedingungen 130
Ziele 67
– marktorientierte 71
Zielsystem 70